사람보다 스마트한 기술의 시대, 어떠한 인재가 될 것인가?

바야흐로 인공 지능의 시대다. AI가 이끄는 제4차 산업 혁명 시대에는 디자인, 경영, 예술이 새로운 차원으로 진화하고 있다. 이 책은 이러한 미래에 대해 진지하게 고민하는 모든 디자이너, 비즈니스 전문가, 창업가들에게 강력히 추천할 수 있는 교양서이자 입문서다.

저자는 새로운 시대의 패러다임을 통찰하며 디자인 씽킹과 스페큘레이티브 디자인, 그리고 브랜딩을 접목하는 독창적인 방법론을 펼친다. 또한, 새로운 기술과 트렌드에 대한 시각적인 상상력과 통찰력을 통해 미래의 도전과 기회를 명확하게 제시한다.

《AI 브랜딩》은 디자인과 예술, 경영 전문가들뿐 아니라, 모든 분야에서 혁신과 창의성을 추구하는 이들의 나침반이 될 것이다. 특히 미래 브랜드 시나리오에서 드러나는 오리지널리티의 다양한 요소는, '크리에이티브 리더'가 되는 데 필요한 역량과 마인드셋을 탐구할 기회를 제공한다. 우리는 이를 통해 어떤 가치를 지닌 개인과 기업이 세상을 변화시킬지를 상상할 수 있다.

새로운 시대에는 새로운 인재가 필요하다. 이제, 리더십의 핵심은 선하고 효율적인 방법으로 AI와의 창조적인 상호작용을 이끄는 능력이 될 것이다. 그런 대체 불가능한 인재가 되는 길에 있어서 이 책은 지침서와 같은 역할을 수행한다. 발전된 기술 못지않게 변하지 않는 인간의 심리에 포커스를 둔 창의적인 접근으로, 디자인 교육과 더불어 미래 인재 육성의 방향성을 새로운 시각으로 제시한다.

기술을 겸비한 디자이너로서 반드시 숙고해야 할 사항 즉 사회 문화적 가치, 미학적 요소, 철학과 윤리적인 측면 등을 명쾌하면서도 섬세한 화법으로 풀이한 이 책은, 그 자체로 하나의 디자인 프로젝트다. 이를 곁에 두고 온전히 자기 것으로 만들 수 있다면, 자신에게 알맞은 '맞춤형' 혁신을 이끄는 방법에 대한 강렬한 영감을 얻게 될 것이다.

김승인

홍익대학교 국제디자인전문대학원장,
홍익대학교 디자인혁신센터 센터장

AI 브랜딩

SPECULATIVE BRANDING

이서후 지음

"10년 후, 내 손에는 아직도 아이폰이 들려 있을까?"

가넷북스
Garnet Books

CONTENTS

추천의 글
책 속의 전략 미리 보기
미래 전략 키워드 5가지

INTRO
10년 후, 내 손에는 아직도 아이폰이 들려 있을까?

► IDENTIFY
지갑을 열게 하는 그것 — 각인의 전략

► IDEATE
제4차 산업 혁명의 물결 — 브랜딩의 미래

► STORIFY
미리 보는 심리, 브랜딩 타임머신 – *스펙트럼 시나리오*

► SHARE
전략 없는 모방은 망조의 어머니 – *오리지널리티*

► SHOW
SPECULATIVE 브랜딩 매핑 – *이미지 서머리*

OUTRO
10년 후, 브랜드 디자이너는 무엇을 하고 있을까?

REFERENCE   Links \ Books & Articles \ Images

▼

책 속의 전략 미리 보기

"AI 시대를 예측하는 새로운 차원의 브랜딩 인사이트"

인공 지능은 어떻게 브랜딩의 경계를 넓히고 있을까? 그리고 우리는 이것을 어떻게 활용하여 새로운 시장을 주도할 수 있을까? 이러한 질문에 도전하며, 이 책은 미래를 상상하고 실험하는 과정을 통해 브랜딩에 대한 새로운 시각을 제시한다.

'Speculative Branding', 즉 브랜딩 예측이라는 뜻을 부제로 가지고 있는 이 책은 디자인, 마케팅, 비즈니스, 인공 지능 등 다양한 분야에 관심 있는 사람들을 위한 입문서로 제작되었다. 그렇기에 전통적인 브랜딩 접근법을 넘어서서 미래를 탐색하고 실험하며, 인공 지능과의 상호작용, 공유 경제의 부상 등 제4차 산업 혁명의 시대 속에서 살아가는 우리 일상의 변화에 대한 이해를 제공한다.

전문가와 비전문가 모두를 위한 핸드북으로써, 이 책의 목표는 첫째, 브랜딩과 AI에 대한 기본적인 배경지식과 다양한 전문가들의 저서를 소개 및 분석하는 것이며, 둘째, 그를 통해 도출된 인사이트로 현실 가능한 미래 시나리오를 상상하며 브랜딩의 새로운 지평을 열도록 돕는 것이다. Design Thinking과 Speculative

Design 등 방법론의 활용은 이렇게 AI 시대의 브랜딩을 새롭게 정의하는 과정을 뒷받침한다.

이 책의 또 다른 목표는 브랜드 디자이너들을 위한 새로운 시각과 영감을 선사하는 것이다. 인공 지능이 여러 디자인과 예술의 분야에서 사람의 기술을 능가하고 있는 세상에서, 필자는 어떠한 오리지널리티를 가진 브랜드들이 탄생할 수 있는지를 살펴보는 기회를 제공하고자 한다. 통찰력을 가진 디자이너들은 책의 예상 시나리오에 등장한 것과 같은 새로운 브랜드를 형성하는 중심에 서 있을 것이며, 향후 다양한 스펙트럼에서 활동하는 1인 기업의 주체가 될 수도 있다.

브랜딩 전략은 끊임없이 변화하고 발전한다. 그 속에서 브랜드 디자이너들과 비즈니스 전문가들뿐 아니라, AI 시대에 대비하는 사람이라면 누구에게나 꼭 필요한 것이 있다. 바로 변화에 대한 열린 마음과 대체 불가능한 자신만의 오리지널리티다. 이 책이 제공하는 흥미로운 스토리텔링을 따라가다 보면, 그러한 가치와 더불어 실질적인 새로운 시장 기회를 찾을 수 있을 것이다.

미래 전략 키워드 5가지

◎ AI 시대의 브랜딩 전략

AI 기술의 발전은 브랜딩에 새로운 차원을 제시한다. AI가 어떻게 브랜딩 전략의 혁신에 기여하고 있으며, 앞으로 미래 시장에서 성공적인 역할을 할 수 있는지를 탐구해 보자.

◎ 사회적 변화와의 상호작용

이 책은 브랜딩과 AI뿐만 아니라, 공유 경제, 지속 가능성, 문화 다양성 등 현대 사회의 중요한 변화 및 가치와의 상호작용에 대해 논의한다. 이를 이해하며, 브랜딩 전략에 적용하는 방법을 생각해 보자.

◎ 디자이너의 역할과 오리지널리티

AI 시대에 새롭게 부상하게 될 디자이너와 경영인의 덕목에 대해 고민하고, 가까운 미래에 실현이 가능한 서비스 시나리오들을 통해 오리지널리티를 가진 비즈니스 모델과 전략에 대해 예상해 보자.

◎ 새로운 시장 기회

AI 시대에 등장하는 새로운 경쟁 환경과 소비자 요구 및 심리를 파악하고, 이에 적응하여 혁신적인 전략을 구사할 방안을 생각해 보자.

◎ 혁신과 창의성

이 책에서 제공하는 다양한 예시와 스토리텔링, 인터뷰, 그리고 이미지 된 자료를 통해 브랜딩에 대한 새로운 시각을 열고, 실질적인 혁신을 돕는 창조적인 아이디어를 구현해 보자.

INTRO

▲

10년 후, 내 손에는 아직도 아이폰이 들려 있을까?

"아이팟, 인터넷 통신 기기, 휴대폰. 이것은 각각 3개의 제품이 아닙니다. 단 하나의 제품입니다. 우리는 이 새로운 제품을 아이폰이라고 부릅니다. 오늘, 애플이 휴대폰을 재발명할 것입니다."[1] 2007년, 스티브 잡스는 당찬 포부를 밝히며 1세대 아이폰을 소개했다. 그리고 문자 그대로, 그의 말처럼 애플은 혁신이라는 단어를 정의하는 기업의 대명사가 되었으며 '나머지는 역사가 되었다'. 브랜드, 테크놀로지, 디자인뿐 아니라 우리 사회의 역사에 큰 획을 그은 아이폰은 이후로도 여러 발전을 거듭하였으며 부단히 트랜드를 주도했다.

그러나 지지 않는 태양은 없는 법일까? 어느 순간부터 아이폰

12

은 빛바랜 명성을 놓치지 않고자 안간힘을 쓰는 사치품의 이미지가 덧입혀지게 되었으며, 혁신을 주도하던 디자인은 진부하다는 논란을 낳고 있다. 이를 겨냥한 언론과 대중의 시선은 '카메라만 커졌네… 아이폰 15 프로 디자인 변화, 이게 다야?'[2] 등 IT 관련 신문 기사의 제목에서도 여실히 드러난다. 이러한 상황이 계속된다면, 창의적 제품들의 대명사로 불렸던 애플은 과연 언제까지 그 브랜드 이미지를 지킬 수 있을까?

한 시대를 대표하는 브랜드에 찾아오는 위기는 곧 새로운 시대의 국면이 도래할 것을 암시한다. 2000년 초, 세계 경제 포럼의 창시자인 클라우스 슈바프(Klaus Schwab), 앨빈 토플러(Alvin Toffler) 등 다양한 경제 사상가들은 제3차 산업 혁명의 최대 산물 중 하나로 '정보 통신 기술'을 꼽았다.[1] 그렇게 형성된 인터넷 사회의 대표작 중 하나가 바로 통신, 네트워크, IT 감성을 매끈한 디자인에 접목한 아이폰이었다. 그리고 그로부터 20여 년이 지난 지금, 우리는 제3차 산업 혁명의 시대를 뒤잇는 '제4차 산업 혁명'의 물결 속에 있다. 그 예시로 매일 아침 올라오는 뉴스와 세간을 뜨겁게 달구는 논란의 중심에 서 있는 기술, 인공 지능(Artificial Intelligence)을 살펴보자.

2023년, 소프트웨어 엔지니어링의 영역에서 세간의 이목을 집중시키며 새로운 기술 혁명의 신호탄을 쏘아 올린 것은 우리에게 잘 알려진 IT의 공룡 기업들이 아니었다. 그 주인공은 실리콘 밸리 출신 공동 창업가들로 이루어진 'OpenAI'의 ChatGPT와

DALL-E, 샌프란시스코에 베이스를 두고 있는 소규모 리서치 랩 'Midjourney'였다. 물론 그들의 성공 뒤에는 거대 자본들의 투자가 있었지만, 적은 인원으로 이처럼 뛰어난 인공 지능 서비스를 개발할 수 있다는 사실은 세상을 놀라게 하기 충분했다. 이들이 제공하는 서비스는 현재 특정 부분에서 인간의 능력을 뛰어넘는 결과물을 제공하며 그에 따른 다양한 논란을 만들어 내고 있다.

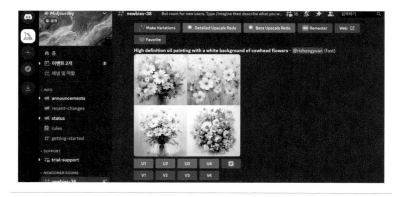

| 1 |　Discord를 기반으로 작동하는 AI 이미지 생성 툴, 미드저니(Midjourney). 사용자의 요구에 따라 다양하면서도 섬세한 작품을 수 초 내에 만들어 낸다. (Source: https://www. midjourney.com/, checked on 2023.)

　이러한 인공 지능 시대의 흐름을 뒷받침하는 것에는 온라인 접근성을 높이는 5G의 보급 등 기술적 발전과 더불어, 새로운 시대적 변화에 주목하는 수요자들의 다양한 심리와 그에 따른 관심이 있다. 사람들의 관심(Attention)이 곧 재화가 되고 그들의 요구(needs)를 현실화하는 기술이 기업의 경쟁력이 되는 지금, 10년 전에 비하여 수요자들은 점차 맞춤화되고(Customized), 다양해지며(Diverse),

공급자와의 연결성 또한 강해지는(Connected) 제품과 서비스를 경험하고 있다. 그렇다면 앞으로는 어떤 특징을 가진 브랜드가 이 새로운 혁명의 시대를 대표하게 될까?

위와 같은 질문을 통해, 이 책은 제4차 산업 혁명의 여러 키워드 중 AI가 가지고 올 브랜드의 변화에 대해 살펴본다. 또한 디자인 연구 방법론 중 디자인 씽킹(Design Thinking)과 스펙큘레이티브 디자인(Speculative Design)을 활용하여, 급변하는 시대 속에서 다양한 수요자의 심리를 활용한 브랜드에 대한 예측과 상상을 진행한다. 책은 크게 'IDENTIFY', 'IDEATE', 'STORIFY'. 'SHARE', 'SHOW'의 다섯 챕터로 나뉘어 있으며, 첫 부분인 'IDENTIFY'에서는 브랜딩의 간략한 역사를 정리함과 더불어 그 현주소를 정의한다. 그 후 문헌 연구를 토대로 AI를 활용한 미래 브랜딩의 특징과 방향을 'IDEATE'해 보고, 이를 바탕으로 페르소나 형식의 시나리오를 'STORIFY'한다. 이후 오리지널리티의 중요성에 대한 내용을 나누며 예비 수요자들과의 미니 실험을 통해 시나리오를 활용한 이야기를 'SHARE'하는 과정을 거쳐, 마지막 챕터 'SHOW'에서 연구의 결론을 이미지로 설명한다. 책의 마무리 부분에는 결론을 토대로 예상해 보는 브랜드 디자이너의 미래 또한 담겨 있다.

이 책의 목표는 브랜딩과 [생성형]인공 지능에 대한 넓고 가벼운 접근을 통해, 다양한 미래 가능성을 예상해 보는 기회를 제공하는 것이다. 그렇기에 실험적인 형태를 가진 이 워크북은 미래 브랜드 시나리오와 예비 수요자 인터뷰 등의 내용 등을 수록하고 있으며, 향후 브랜딩의 방향성과 관련된 다양한 관점 및 토론 주제들을 제시하는 것에 의의를 둔다. 그렇게 도출된 생각거리가 여러 분야의 인재들에게 영감이 되어 더욱 심도 있는 연구로 이어지기를 기대하는 마음으로, 이제 그 첫 번째 장을 열어 보겠다.

| Keywords |

AI, 제4차 산업 혁명, 브랜드, 수요자, 공급자, 심리, 미래, 시나리오, 혁신, 서비스, 디자인, 마케팅, 변화, 상호작용, 공유 경제, 시장 기회, 오리지널리티.

IDENTIFY

IDENTIFY

▼

지갑을 열게 하는 그것

-

각인의 전략

작은 불씨가 지핀
자본주의 횃불

가장 근본적인 질문을 던져보자. 현재 우리가 하루에도 약 1만 5천 개를 접한다는 그것, 브랜드(Brand)란 과연 무엇일까? 미국 마케팅협회(American Marketing Association)에서는 브랜드를 다음과 같이 정의한다. "제조업자 또는 판매업자가 자기의 제품 또는 서비스에 정체성을 부여하고 경쟁업자의 제품이나 서비스와 차별화하여 고객들에 의해 구별되게 하려는 목적으로 사용하는 이름, 용어, 숫자, 심볼, 캐릭터, 슬로건, 디자인, 패키지 또는 이들의 결합체."[3] 여기서 눈여겨볼 단어는 '정체성', '차별화', 그리고 '고객에 의한 구별'이다. 브랜딩은 이러한 특징들을 전달하는 일체의 행위를 뜻하는데, 그 정의 또한 관점에 따라 매우 다양하게 내릴 수 있다. 하지만 공통적인 개념으로 브랜드는 자본주의 시장에서 기업이 독자적인 제품이나 서비스에 대한 이미지를 '소유'하고자 하는 것이며, 브랜딩은 이를 수요자의 인식에 '각인'하려는 노력이라 할 수 있을 것이다.

KBMA에서 정리한 자료에 따르면, 브랜드의 일차적인 의미는 '불타는 나무'라는 뜻의 고대 노르웨이어, 'Brandr'에서 유래했다.[4] 이후 이 단어는 끊임없이 변형되었는데, '횃불', '불꽃', 무언가를 새기는 도구인 '칼'을 넘어, 가축에 표시하는 '화인(火印)'이라는 의미까지 가지게 되었다. 이중 마지막 뜻인 '불에 달구어 찍는 인장'에 관련된 표현으로, 영화 〈탑건〉 주인공의 콜사인인 매버릭(Maverick)의 유래도 살펴볼 수 있다. 사유 재산에 표식을 남기기 위해 화인을 하는 관습이 있었던 1800년대 초, 텍사스의 목장주였던 새뮤얼 매버릭(S. Maverick)은 소에게 고통을 주기 싫다며 낙인을 찍는 것을 거부했다. 게다가 정파에 속하지 않은 채 텍사스 독립을 추진하며 시장으로 일했기 때문에, 훗날 그의 이름은 특정 집단에 소속되지 않고 개성이 강한 독불장군 같은 사람을 일컫는 단어로 자리 잡게 되었다.[5] [현대에서 이러한 유형에 속한 사업가의 예시로는 우리에게 익숙한 애플의 창립자, 스티브 잡스를 들 수 있을 것이다.]

| 2 |　브랜드의 정의는 소유의 개념과 분리해서 생각하기 어렵다. 사유 재산을 구분하기 위해 가축에 화인을 새겼던 시점부터, 우리에게 익숙한 브랜드의 정의가 비롯되었다. (Source: https://texashistory.unt.edu/, checked on 2023.)

　　매버릭이 살았던 1800년대는 가축에 화인을 찍는 'Cattle Branding' 이 조직적으로 확대되던 시기였다. 이후 브랜드라는 단어는 산업화와 상업화의 영향으로 점차 '트레이드 마크'의 의미를 지닌 마케팅 용어가 되어갔으며, 1990년대에 들어 비즈니스, 경영 등에서 분화된 의미들이 추가되면서 그 뜻이 더욱 풍부해졌다. 이처럼 사유 재산을 나타내기 위한 도구였던 브랜드는 상표라는 뜻을 포함하여 점차 많은 의미를 지니게 되었다. 그러나 수요자의 인식에 각인되어야 하는 그 특성에서, '낙인을 찍는다'는 그 전통적인 의미만큼은 여전히 강하게 남아 있음을 알 수 있다.

　　법적인 관점에서 브랜딩은 소유권(Ownership)에 대한 선언으로도 정의될 수 있다. 소유주의 보호를 위한 행위는 서부 개척 시대보다 훨씬 이전인 고대 그리스, 로마 시대에서부터 시작되었다. 이때의 교역품과 벽돌 등에 찍혀 있는 마크를 보면, 브랜드의 역할이 제조자에게 상업적 차별화를 제공함과 동시에 제품의 질에 대한 책임을 묻는 것이었음을 알 수 있다. 이에 브랜드는 사회의 분화에 따라 제도적 시스템으로까지 발전했는데, 중세 봉건 사회에서는 제조처의 표기를 의무화하여 길드의 독점권을 보호하는 역할을 하기도 했다. 이후 유럽의 주요국들이 모든 상품에 제조자가 독점적, 배타적으로 사용하는 기호인 상표를 부착하기 시작하였고, 이는 훗날 상표법, 특허법, 저작권 등의 법적 체계의 발전으로 이어지게 되었다.[2]

대량 생산의 시대 이후 브랜드는 제품의 퀄리티와 특징, 이미지를 형성하는 기업의 가장 중요한 무형의 자산으로 사회적 의미가 더욱 확대되었다. 그 첫 분기점이 되는 중대한 사건은 18세기 중후반 영국에서 시작되었다. 제1차 산업 혁명은 브랜드의 흐름뿐 아니라 세계의 역사가 뒤흔들릴 만큼의 파장을 만들었다. 인력과 축력만을 사용하던 인류가 비로소 증기를 활용한 획기적인 동력을 활용하게 되었기 때문이다. 증기기관은 거대한 물품들의 대량 이동과 수송을 가능하게 했기에 생산성의 극대화를 낳았다. 이와 비례하게 삶의 터전을 잃은 노동자들이 러다이트 운동(Luddite Movement)을 벌이기도 하였으나,[3] 이미 몰아치기 시작한 변혁의 파도를 잠재울 수는 없었다. 대중들이 많은 물건을 싼값에 누리게 되면서 소비자와 공급자의 개념이 점차 확립되기 시작하였고, 이후 공급자들 간의 경쟁 또한 심해졌다.

| 3 |　산업 혁명 시대의 대표적 산물에는 증기기관, 기계식 타이프라이터와 더불어 컨베이어 벨트를 빼놓을 수 없다. 이는 찰리 채플린의 무성 영화 〈모던 타임즈〉에서 기계의 부품이 되는 인간의 형상화에 사용되며, 시대를 대표하는 메타포로 자리 잡았다. (Source: 〈Modern Times〉, 1936, checked on 2023.)

　공급자, 즉 메이커(Maker)들은 점차 과열된 경쟁 속에서 로고와 기업 슬로건 등의 아이덴티티 시스템을 구축하며 자신만의 독자적인 특성을 강조했다. 이에 브랜드에 ~ing 형식의 다양한 '브랜딩' 활동이 일어나며 공급자 중심의 브랜드 정의들이 생겨났다. '광고의 아버지'라고 불리는 David Ogivy(1911~1999)는 이에 브랜드를 '로고, 상표, 포장, 속성, 이름, 포장, 가격, 역사, 소비자 중심의 평판, 그리고 광고 방식 등 제품 속성의 무형적 합계'라고 정의했다.[4] 점점 경쟁이 과열되는 시장 속에서 공급자들은 소비자들에게 관심을 주목했다. 제품에 대한 그들의 인식과, 그에 따른 선택이 곧 생존을 의미했기 때문이다. 이에 공급자들이 제공하는 물건을 '소비'

하는 수동적 태도가 강조되었던 '소비자'라는 단어 대신, '수요자'라는 단어가 널리 사용되었다. 비로소 브랜드의 정의가 공급자의 중심에서 풀이하던 방식에서 제품을 사용하는 이들 중심으로 정립되기 시작한 것이다.

이어서 살펴볼 중대한 사건은 전기를 이용한 제품을 탄생시켰던 제2차 산업 혁명 이후, 드디어 등장하게 된 인터넷의 탄생에서 비롯된 소셜미디어 및 온라인 커뮤니케이션의 발전이다. 제3차 산업 혁명이라고 불릴 만큼,[5] 글로벌 '초연결'의 시대를 연 온라인 네트워킹 시스템은 브랜드와 수요자, 그리고 수요자들끼리의 관계를 더욱 긴밀하게 바꾸어 놓았다. 많은 수요자는 다른 이들과 공급자의 제품에 대한 의견, 또는 정보를 실시간으로 활발히 교환하며 '후기(Review) 문화'를 조성했다. 이어서 공유와 소통, 그리고 환경적 지속 가능성을 추구하는 시대가 도래하며 브랜드의 핵심 가치 또한 영향을 받게 되었다. 이러한 전례 없던 긴밀한 연결 중심의 세상에서 브랜드를 수요자와 공급자의 관계에서 형성되는 하나의 인격체, 즉 'Personality'로 여기는 관점이 등장했다. 비슷한 맥락으로 심지어 브랜드를 스스로 진화하는 '완전체'로 정의하거나, 상호작용을 강조하는 주장들도 생겨났다.

BAG CUSTOMIZATION

We've extended the production chain from the FREITAG factory to the sales front. There – at the FREITAG Yourself Stations in Grüngasse, Zurich, Bangkok, Kyoto and Munich or online with the F-Cut tool – you can put together unique truck tarp bags to suit your own taste.

| 4 | 재활용(Recycling)보다 더 높은 가치를 창출하는 개념인 업사이클링(Upcycling)의 대표 주자, 프라이탁(Freitag). 스위스 취리히에 본사를 두고 있는 이들은 환경친화적인 기업 이미지로 수요자들이 공감할 만한 사회적 가치를 표방함은 물론, '자신이 직접 디자인하는 가방'이자 '세상에 단 하나뿐인 작품'이라는 컨셉을 내세워 1인 커스터마이징 시스템을 현실화했다. 수요자와의 긴밀한 상호작용으로 진화하는 글로벌 브랜드의 대표적인 사례다. (Source: https://www.freitag.ch/en/services/customization, checked on 2023.)

이처럼 '불타는 나무'라는 뜻의 단어는 소유를 뜻하는 '화인'으로 발전한 이후 다양한 관점들로 해석되었으며, 산업 혁명 이후 자본주의 시장 경제의 꽃이 되었다. 그렇다면 어느덧 우리의 일상에 스며들고 있는 제4차 산업 혁명은 브랜딩의 정의에 또 어떠한 변화를 가져오게 될까? 그 답을 찾아가는 첫 발걸음으로, 우리는 지금까지 브랜드의 어원과 그를 둘러싼 다양한 관점들, 그리고 시대의 흐름에 따라 변화한 수요자와 공급자의 관계를 요약하여 살펴보았다. 이제 역사의 중심에 브랜드라는 단어를 놓고 그 변화 과정을 다섯 단계로 정리하며 다가올 미래를 그려 보자.

한눈에 담는
브랜딩 변천사

브랜딩의 변천사는 학자들에 따라 그 정리가 다르다. 이 책에서는 브랜드 1.0의 동인을 산업 혁명 및 세계 대전으로 정의하고, 마켓 2.0과 3.0을 각각 소비자 중심 관점[Customer-centric perspective], 사용자 중심 관점[Human-centric perspective]에서 설명한 필립 코틀러[Philip Kotler]의 주장을 참고하였다.[6] 그리고 그에 따른 한국의 시기를 추가로 기재하였으며, 현재 시기를 '브랜드 3.5'라는 과도기로 정의하였다. 이는 지금 우리가 서 있는 시대가 곧 다가올 제4차 산업 혁명 속의 브랜딩 4.0과의 긴밀한 연결 속에 있음을 강조하기 위함이다. 브랜드 4.0에서는 특히 AI를 중점으로 변화하게 될 브랜딩의 미래를 예상해 보았는데, 향후 브랜드 디자이너와 마케터의 역할에 지대한 영향을 미칠 인공 지능에 주목한 것이다.

이를 뒷받침하는 이론으로 세계적인 인지마케팅 전문가인 A. K. Pradeep[7]과 전 구글 CEO Eric Schmidt[8] 등의 저서를 참고했다.

브랜드의 변천사를 설명하는 방법으로는 총 아홉 가지의 구분을 사용하였다. 각각의 단계별 브랜드 변화를 이끈 동인, 그에 따른 대한민국의 시기, 해당 시기의 주요 관점, 수요자들의 특징, 그들의 소비 기준, 시장의 특징, 미디어 환경, 공급자와 수요자의 관계, 변화에 따라 브랜드가 각인하고자 하는 주요 메시지가 그것이다.

	브랜드 1.0	브랜드 2.0	브랜드 3.0	브랜드 3.5	브랜드 4.0
시기별 동인	산업 혁명 이후 세계대전	공급자 경쟁	인터넷 네트워크 보급 (Seamless)	기술 혁신, 5G 등장, 환경적 책임 대두	AI/사물 인터넷 등, 제 4차 산업 혁명 현실화
한국의 시기	1970년대 ~ 1980년대	1980년대 후반 ~ 2000년대	2000년대 ~ 2010년대 중반	2010년대 후반 ~ 2020년대 중반	2020년대 중후반 ~ 2030년대 중후반 (예상)
중심적 관점	제조사, 공급자	소비자	사용자	다원화된 사용자	AI 빅데이터
수요자 특징	물리적 필요를 가진 구매자	소비 수준, 의식상향에 따른 선호를 지닌 구매자	기술 활용, 소셜미디어사용에 익숙한 사용자	환경, 사회적 책임에 관심을 가진 사용자	사회/환경적 의식을 강조하는 기술 몰입형 수요자
소비의 기준	양, 가격, 기능, 신뢰	비교와 선택, 감성	선도적 기술, 감각적 디자인 등	기술, 사회적 책임, 지속가능성 등 다원화 된 가치	AI의 추천에 따른 개인 맞춤형 소비의 일상화
시장의 특징	제조업 중심, 자본 위주 (공장)	마케팅 전쟁, 광고의 영향력 커짐	인터넷으로 인한 글로벌/ 디지털화, 경쟁 심화	혁신 경쟁, 메타버스 등 온라인을 통한 시장 등장	초연결의 시대, 가상 현실 및 아바타 활용 시장 다변화
미디어 환경	대중매체의 일방적인 권력	대중매체의 전성기(컬러 TV의 보급)	소셜 미디어 마케팅 성황, 온라인 플랫폼 대거 등장	SNS, 실시간 소통 플랫폼의 대중매체 능가	데이터 기반 맞춤형 서비스, 4차 산업 기술 활용 플랫폼 대거 등장
관계의 형성	소수의 공급자, 절대 다수의 소비자	다수의 공급자 간 마케팅 경쟁 구조 형성	브랜드와 사용자 간 상호작용적 관계 형성	팬데믹의 영향, 온라인 상호작용 가속화	커스터마이징 고도화 및 공동- 공유 창작의 확장
시대의 특징	양의 시대	질과 품격의 시대	속도와 연결의 시대	가치적 다양성의 시대	맞춤형 생활의 시대

| 표1 | 브랜드 1.0~3.5의 변천사, 그리고 4.0에 대한 예측

앞서 '브랜드는 어떻게 시작되었을까'에서 간략하게 살펴보았듯이, 브랜드 1.0은 대량 생산과 산업 혁명의 시대를 기반으로 피어났다. 서구 사회에서 그 본격적인 등장은 1930년대부터 시작되었으며,[9] 이는 독점자본주의가 만연하던 20세기의 제국주의 전쟁과 맞물린 시기였다.[6] 튼튼한 품질과 기능성이 강조된 제품들이 주목받으며 거대 기업들이 성장하였는데, 지금까지도 굳건히 시장에서의 자리를 지키고 있는 청바지 브랜드 리바이스와 산업 혁명의 상징이라고도 볼 수 있는 포드 자동차 등이 그 예시다.

| 5 | 헨리 포드(1863~1947)는 최초로 컨베이어 벨트를 활용하여 대량 생산을 이끈 인물이다. 위 사진은 그가 최초로 만든 자동차의 모습이다. 훗날 포드의 자동차들은 GM과 함께 세계 2차 대전에서 연합군의 거의 모든 수송 장비를 담당했으며, 트럭뿐 아니라 장갑차와 탱크 등의 군사 무기 또한 생산했다. (Source: Ford Motors, checked on 2023.)

이 시대 대한민국은 일제 강점기에 있었고, 이후에도 6.25 전쟁 등의 상황을 겪으며 미국과 유럽에 비하여 성장이 늦을 수밖에 없었다. 그러나 1960년대가 지나며 '한강의 기적'이라 불렸던 경제

급성장 시기를 맞이하여, 비로소 1970~80년대에 이르러 다양한 기업형 공급자들이 대거 성장할 수 있는 환경이 조성되었다. 이 시대를 대표하는 제조사는 현재 세계적 기업으로 자리매김한 삼성전자와 현대자동차, LG전자(당시 금성사), 포스코(당시 포항종합제철) 등이 있다. 또한, 1926년 설립되어 지금껏 대한민국에서 가장 존경받는 기업 중 하나로 성장한 유한양행도 1969년에 전문 경영인을 영입하는 등 시장에 적응하기 위해 변혁을 추구했다. 서구의 브랜드 1.0 시대 특징과 마찬가지로, 이때 소비자들은 기능과 신뢰, 가격 위주로 제품의 가치를 따졌고 시장은 공장과 자본 위주로 형성되었다. 특히 1970년대 후반 컬러 TV가 대중에게 보급되며 대중 매체가 가지게 된 힘은 어마어마했다. 이에 마케팅 영역에서는 한정된 공급자들이 다수의 소비자를 향해 메시지를 전달하는 매스 미디어(Mass media)적 방식이 통용되었다.

| 6 | 현재의 LG인, 금성사에서 만든 한국 최초 컬러 티비 '금성칼라비젼 하이테크'. 국제적 수상 실적을 홍보하며 소비자들에게 획기적인 기술과 우수한 품질을 알리려는 광고가 돋보인다.
(Source: https://live.lge.co.kr/goldstar/, checked on 2023.)

한국이 한창 브랜딩 1.0 시기를 맞이하고 있던 이때, 1960년 ~1970년의 미국의 상황은 소비 변화와 금리 인상 때문에 있었던 잠시의 침체기를 제외하면 비교적 풍요로웠다.[7] 또한 1955년부터 진행 중이던 베트남 전쟁에 대한 반전운동과 평화 시위가 이어지며 히피(Hippie) 문화 또한 형성되었다. 이런 흐름과 함께 서구 사회는 바야흐로 '감성'의 시대를 맞이하였는데, 공급자들이 대거 등장하며 경쟁이 과열되었던 시장에서는 높아진 소비자의 의식에 맞춘 감성적 마케팅이 시작되었다.

대중 매체의 힘이 가장 커졌던 이 시기에는 절대다수에 대한 미디어의 세뇌(brain washing)라고 부를 수 있을 정도로 풍요로운 사회와 삶에 대한 환상을 자극하는 이미지들이 쏟아져 나왔다. 또한 컬러 영상의 발달과 경제 호황에 힘입은 문화의 성장은 미국을 세계적인 선망의 대상으로 만들어 놓기에 충분했다. 이때 미국의 상업주의적 판타지를 잘 드러내는 것 중 하나가 할리우드(Hollywood) 컬처[10]일 것이다. 60여 년이 지난 현재에도 이 시대에 대한 노스탤지어를 재해석한 작품들이 많을 정도로, 브랜드 2.0의 이미지와 시대적 감성은 아직도 대중문화에 하나의 장르처럼 자리하고 있다.

| 7 | (좌): 2019년 개봉한 쿠엔틴 타란티노 감독의 영화, 〈원스 어폰 어 타임 인 할리우드(Once Upon A Time In Hollywood)〉의 포스터. 1960~70년대 실존 인물의 내용을 각색하여 히피와 할리우드 문화를 담았다. (우): 아메리칸 골든 에이지(American Golden Age)의 아이콘으로 자신을 브랜딩한 미국 가수 Lana Del Rey의 앨범 재킷. (Source: https://www.imdb.com/title/tt7131622/, https://www.lanadelrey.com/, checked on 2023.)

1980년대 한국은 급격한 경제 성장에 힘입어 서구의 브랜드 2.0 시대의 물결을 본격적으로 받아들이기 시작했다. WTO 체제가 등장하여 자유 무역이 이루어졌고, 국제적으로 진출하는 기업들이 생겨난 한편 해외[일본] 대중문화에 대한 제한 조치도 해제되었다.[11] 이어서 해외여행이 자유화되며 사회 분위기가 한층 개방적으로 바뀌었는데, 민주주의를 위해 독재 정권에 대항하는 젊은이들을 중심으로 많은 데모와 항쟁이 벌어지기도 했다. 복잡하고 다사다난했던 이 시기의 첫 컬러 TV 방송은 독재 정부의 영향력 아래 있었다. 그렇기에 매체는 정부의 검열에서 벗어나지 못했으나, 다양한 매스 미디어 광고를 통해 국민의 소비 욕구를 자극하는 일등 공신으로의 역할을 다했다.

1988년에는 서울에서 올림픽이 개최되며 스포츠에 대한 국민 관심도가 상승하였고, 이때 유명 스포츠 브랜드들이 '메이커 (Maker)'라고 불리며 선망의 대상이 되기 시작했다.[12] 이는 당시 브랜드의 개념이 아직 만드는 사람, 즉 공급자 중심이었음을 알려주는 대목이다. 당시부터 90년대까지의 대한민국 청년들이 추구했던 감성, 즉 '로망'을 대표하는 메이커들에는 나이키(Nike), 리복 (Reebok), 게스(GUESS) 등이 있었다. 이러한 브랜드를 카피한 '짝퉁'이 많아졌음은 물론, 심지어 운동화나 티셔츠에 매직 펜으로 이들의 로고를 새겨 넣는 등의 우스운 일들도 많이 일어났는데, 당시 상황을 통해 브랜드의 구성 요소 중 로고가 얼마나 중요한 부분을 담당했는지를 볼 수 있다.

|8| 1990년대를 조명하는 영화, 〈건축학개론〉에 등장한 GUESS의 '짝퉁' 티셔츠. 영화는 이때 젊은이들의 로망과 현실을 반영하여, 그 시기를 추억으로 가지고 있는 기성세대를 중심으로 큰 인기를 끌었다. (Source: https://m.khan.co.kr/culture/movie/article/201203282138035, checked on 2023.)

이처럼 소비자 위주로 점차 변화하던 브랜드의 역사에 급변점을 제공한 것은 제3차 산업 혁명의 놀라운 결과물들이 세상에 드러나기 시작하던 2000년대 초반이다. 민주주의가 정착되며 21세기에 들어선 한국 사회의 문화와 기술은 급속도로 서구 사회를 따라잡았다. 서서히 세계 시장에서의 간극을 좁혀가던 한국의 IT 경쟁력은 글로벌 기업들과 어깨를 나란히 할 만큼 성장했다. 그리고 이를 가능하게 한 것은 통신사를 기반으로 한 무선 인터넷과 네트워크의 발달이었다.[13] 90년대부터 불기 시작한 인터넷의 바람은 시장의 흐름을 바꾸어 놓았고, 세상은 머지않아 스마트폰의 시기를 맞이했다. 2007년, 애플은 이러한 물결 속에서 1세대 아이폰을 선보였다. '아이팟과 스마트폰, 인터넷을 합친 작품'을 모토로 내세웠던 이 제품은 아이디어, 기술, 디자인 등 여러 방면에서 센세이션을 불러일으키며 애플의 브랜드 이미지를 드높이는 데 큰 역할을 했다.

| 9 |　　(좌): 2007년형 1세대 아이폰. 직관적인 인터페이스와 둥근 모서리를 아이덴티티로 가지는 제품으로, 훗날 이 둥근 디자인은 삼성전자와의 디자인 저작권 관련 국제 소송에서도 화제가 되었다. (우): 2022년 최신형 아이폰 14 프로. 10년이 넘는 시간 동안 애플 디자인의 메인 아이덴티티가 유지되는 선에서 변주가 이루어지고 있음을 볼 수 있다. (Source: https://www.apple.com/, checked on 2023.)

소프트웨어와 네트워크의 시대에서 피어난 브랜드 3.0의 고객들은 더 이상 '소비자'가 아닌, '수요자'로 정의되기 시작했다. 소비자라는 단어가 물건이나 서비스를 구매하여 소비하는 행위를 강조한 것이라면, 수요자는 더 적극적이고 능동적으로 기업의 브랜드를 평가하고 선택하는, 다원화된 니즈(Needs)를 가진 이들을 뜻한다. 끊김 없는(Seamless) 와이파이를 활용한 온라인 연결은 이러한 능동적인 고객들의 활동을 더욱 활발하게 만들었다. 2000~2010년대의 수요자들은 더 이상 대중 매체에 의존하여 브랜드의 정보를 접하지 않았다. 기술 활용에 능숙하고, 온라인으로 연결된 글로벌 사회에 적응한 이들은 의견을 공유하고 토론하는 인터넷 문화를 성장시켰다. 이러한 상황은 수요자들과 공급자의 관계를 더 밀접하게 연결하는 데 큰 몫을 담당했다.

이 시대의 브랜드와 마케팅에서는 소셜미디어(SNS)의 등장을 빼놓을 수 없다. 소프트웨어와 네트워크의 발전은 자연스럽게 소셜미디어가 브랜드 3.0 시대의 주요 마케팅 수단으로 부상하도록 만들었다.[14] 소셜미디어의 특징적인 기능은 사용자들이 자유롭게 의견을 나누고 소통할 수 있는 플랫폼을 제공하고, 이미지와 텍스트, 비디오의 쉽고 빠른 공유를 가능하게 한다는 것이다. 이를 통해 다양한 공급자들은 수요자들의 요구와 반응을 실시간으로 파악하고 수요자 맞춤형의 마케팅 전략을 수립할 수 있게 되었다. 그렇기에 이 시대부터 마케팅의 형태는 단순한 광고 전달이 아니라, 온라인으로 연결된 전 세계 수요자들과의 상호작용으로 점차 변모하였다. 기업들은 SNS를 통해 브랜드에 충성하는 고객들의 커뮤니티를 형성하고 마케팅 캠페인 참여를 유도하며, 그들의 의견을 토대로 제품과 서비스를 개선하려는 노력을 기울이게 되었다.[15]

| 10 | 페이스북, 인스타그램, 트위터, 핀터레스트, 스냅챗 등 브랜드 3.0 시대의 마케팅을 이끈 소셜미디어는 브랜드 3.0 시대와 3.5 시대의 가장 중요한 산물 중 하나다. 페이스북의 모회사인 메타는 인스타그램, 왓츠앱을 인수하였고, 테슬라의 일론 머스크가 트위터를 인수하여 'X'로 이름을 바꾸는 등등 대형 SNS 플랫폼을 소유하려는 대기업들의 행보가 이어졌다. (Source:https://www.digitaltoday.co.kr/news/articleView.html?idxno=475304, checked on 2023.)

이처럼 수요자들은 시간을 거듭하며 자기 경험과 의견을 쉽게 공유하고 브랜드의 이미지와 명성을 형성하는 주체가 되기에 이르렀다.[16] 긍정적인 소비자 리뷰와 추천은 브랜드 신뢰성을 높이지만, 그만큼 부정적인 리뷰와 비판은 브랜드 이미지에 큰 타격을 입힐 수 있다. 따라서 공급자들은 다양한 소셜미디어 플랫폼을 통해 수요자들과의 긍정적 관계를 구축하려는 노력을 계속하는데, 처음으로 이를 선도한 플랫폼으로는 한국의 싸이월드나 블로그와 비슷

한 개념인 MySpace, Friendster, LinkedIn, Bebo 등이었다.[17] 그러나 이후 그 전성기를 이끌었다고 볼 수 있는 예시들은 지인의 영역을 넓히는 페이스북(Facebook), 짧은 글로 불특정 다수와 의견을 공유하는 트위터(Twitter, 2023년 7월 기준 'X'로 이름이 바뀌었지만, 이 책에서는 예전 이름을 쓰기로 한다), 비디오 공유 플랫폼 유튜브(YouTube), 이미지 베이스 플랫폼인 인스타그램(Instagram)이다.

| 11 | 대표적인 인스타그램 인플루언서, 카일리 제너. 3.8억 명의 팔로워를 가진 1997년생 기업가로, 인스타그램 기반의 팬층을 형성하여 자신의 코스메틱 라인을 런칭, 직접 광고하며 최연소 억만장자의 리스트에 이름을 올렸다. (Source: https://www.instagram.com/kyliejenner/, checked on 2023.)

특히 Instagram은 모바일 기반 애플리케이션으로, 아름다운 사진을 꾸밀 수 있게끔 시각적인 콘텐츠에 초점을 두었다.[18] 또한 해시태그를 통해 수요자들이 트렌드를 주도하고 관심 분야를 실시간으로 확인할 수 있는 기능을 제공했다. 이러한 플랫폼들에서 팔로워 수가 많은 사람은 '영향력 있는 인물'이라는 뜻의 인플루언서(Influencer)라고 불리며, 자신의 경험이나 의견을 공유하는 사람들

로 큰 팬베이스를 이루었다.[19] 현재 인플루언서들은 다양한 공급자들과 협업하며 그들의 광고 모델이자 본인 스스로 수요자에 속하는 독특한 포지션을 행사한다. 심지어 인플루언서 스스로 공급자가 되어 자신의 브랜드를 홍보하는 사례도 많아졌다.

그렇다면 현재 우리는 어떤 브랜드 시대에 살고 있을까? 제4차 산업 혁명의 영향력이 일상에 완연해지는 시기를 브랜드 4.0으로 여긴다면, 그 과도기인 브랜드 3.5의 시대라고도 명명할 수 있을 것이다. 이러한 브랜드 3.5의 시대를 거치고 있는 2020년대는 기술 혁신과 온라인 시장의 다변화, 그리고 환경 이슈에 대한 책임감이 대두되는 시기다.[20] 이 시기 속에서 우리는 전례 없던 상황인 코로나19 팬데믹을 경험하였고, 그로 인한 영향으로 다양한 언택트(Uncontact) 활동을 수행하게 되었다. 팬데믹은 고퀄리티 온라인 화상 회의, 원격 콜라보레이션 툴 등 다양한 기술과 서비스 시장의 붐을 일으켰는데, 초고속 인터넷망이 전국화된 대한민국은 이미 2010년대 중후반부터 이러한 온라인 시장의 선도자로 우뚝 설 준비를 하고 있었다.

한국은 기술뿐 아니라 문화를 선도하는 나라로도 성장했다. 막대한 자본이 들어가는 할리우드 영화들이 한국에서 최초 개봉하는 사례가 생겼으며, K-컬처로 통용되는 한국의 문화가 음악과 엔터테인먼트 분야에서 전 세계적인 사랑을 받기 시작했다. 2023년에는 루이비통, 구찌 등의 대형 패션 기업들도 잠수교와 경복궁에서

런웨이 쇼를 진행하였는데, 이는 글로벌 공급자들의 주목이 한국으로 향하고 있음을 보여 주는 한 예시이다. 이처럼 선진화된 소비 수준과 문화, 의식을 가진 나라로 성장한 한국의 거대 IT 기업들(네이버, 카카오 등)은 차세대 온라인 시장을 개척하고자 부단히 노력하고 있으며, 수요자들은 5G 등 초연결을 이끄는 기술을 통해 더욱 긴밀히 소통하며 다원화된 가치를 추구하게 되었다.

한국 시장을 포함한 브랜드 3.5 시대의 글로벌 수요자들은 혁신적인 기술, 사회적 책임, 지속 가능성 등 다양한 가치에 관심을 둔다. 흔히 MZ세대라고 불리는 세대의 고객들은 브랜드가 제시하는 감성이나 인플루언서들의 의견 이외에도 본인이 중요하게 생각하는 가치를 추구하며, 브랜드를 그 상징으로 여긴다.[21] 특히, 전 세계적으로 환경에 대한 문제가 심각하게 대두되며 그에 대한 책임감을 가진 기업을 선호하는 양상이 높아졌다. 파타고니아(Patagonia)는 이를 적극적으로 활용한 브랜드 중 하나다. 이들은 생산과 재활용, 다양한 환경 보호 프로젝트에 이르기까지 지속 가능성에 주목한 사업 방식을 추구한다. 또한 이러한 브랜드 이미지를 통해 환경보호에 대한 의식을 전하는 동시에 고객 충성도를 높인다.

지속 가능성(Sustainability)을 따지며 수요자들의 의식에 맞추려는 움직임은 다양한 온라인 서비스를 제공하는 기업들에서도 일어나고 있다. 이에 표면적으로만 환경을 위한 기업처럼 이미지 메이킹을 하며 흐름에 편성하려는 그린 워싱(Greenwashing) 기업들 또한 우후죽순으로 나타나고 있다. 이에 수요자들은 더욱 브랜드의 진정성을 추구하고 있으며, 공급자들은 적극적으로 이를 어필하기 위한 노력을 계속한다. 흥미롭게도 이러한 시도는 금융 서비스 분야에서도 드러나는데, 이러한 진정성을 가진 기업으로 포트폴리오를 구성해 주는 임팩트 투자의 등장이 그 예시이다.

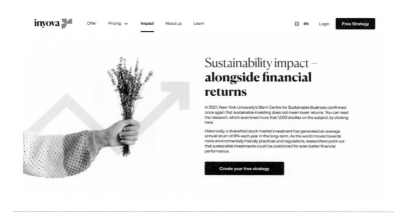

| 12 | 스위스 취리히의 임팩트 투자 기업, inyova. 온라인 서비스가 메인 프로덕트로 AI 기술을 활용하여 고객 개개인에게 맞춤형 포트폴리오를 제공한다. 사용자는 자신이 투자하고자 하는 사회 가치(성평등, 지속 가능한 개발, 논-알코올 등)를 지지하는 기업에 투자하여 수익 또한 올릴 수 있다. (Source: https://inyova.ch/en/impact/, checked on 2023.)

현재 소셜미디어가 가진 연결의 힘은 더욱 막강해져서 메타버스, 디지털 트윈 등의 신기술과도 접목되며 점차 브랜딩 4.0의 시대로 세상을 이끌어가고 있다. 2020년대 중후반부터 10년 후 미래를 제4차 산업 혁명의 영향이 완연해지는 시기라고 보았을 때, 브랜딩 4.0 시대의 화두가 될 대표적인 키워드에도 인공 지능(AI), 사물 인터넷(IoT), 빅데이터 등이 포함될 것이다.[22] [이 책에서는 그중 AI와 빅데이터

　브랜드 3.0 등장의 배경이 되었던 인터넷 혁명처럼, 'Seamless'
한 인공 지능(고도의 튜링 테스트를 통과하여 수요자가 원하는 답을 끊김이 없이 낼
수 있는 단계의 AI)은 세상에 또 한 번의 새로운 바람을 일으킬 전망이
다.[23] 공급자들에게 사회적 책임은 여전히, 심지어는 더욱 적극적
으로 요구될 것이며,[24] 수요자들은 인공 지능의 추천 알고리즘을
통해 맞춤형 소비를 경험하게 될 것이다. 이에 시장에서는 진정한
초연결의 시대가 도래하여, 가상 현실과 아바타를 활용한 기술이
정착될 것을 예상할 수 있다. 〈레디 플레이어 원(2018)〉과 같은 공
상 과학 영화들에서 등장했던 것처럼, 실제와 가상이 융복합된 경
험을 제공하는 시장이 형성되는 것이다.[25]

　빅데이터 기반의 AI 기술을 활용한 플랫폼들의 등장은 이미 공
급자와 수요자의 관계에도 큰 변화를 가져오고 있다. 개인 맞춤형
소비에 익숙해진 수요자들은 '커스터마이징'을 통해 공동 창작의
개념으로 브랜드 아이덴티티에 직접 참여할 수 있다.[26] 이에 브랜
드와 수요자 간의 긴밀성이 그 어떤 시기보다 높아질 수 있으며, AI
추천 시스템은 그 연결의 통로가 될 수 있다. 이러한 브랜드 4.0에
대한 예측은 'IDEATE' 챕터에서 더욱 자세히 다루도록 하겠다.

　이어지는 글에서는 현재 브랜드 3.5 시대에서의 수요자와 공급
자 사이 관계를 좀 더 집중적으로 살펴보고, 이 책에서 제시하고자

하는 브랜딩의 의미를 소개한다. 이는 현재 그 둘의 관계를 기반으로 다가오는 브랜드 4.0의 시대에서 미래 AI 기술이 수요자의 심리에 미칠 영향과, 그것이 수요자와 공급자의 관계에는 어떤 변화를 가져올지를 예측하기 위함이다. 유발 하라리(Yuval Noah Harari) 교수가 그의 저서《21세기를 위한 21가지 제언》에서 이야기했듯, 미래의 기반은 언제나 현재에 존재한다.[27] 브랜드 3.5 시대에서 정의하는 브랜딩의 의미는 곧 4.0 시대 브랜딩의 정의로 향하기 위한 마일스톤이 될 것이다.

수요자와 공급자의
벽 부수기

　　브랜드 3.5 시대의 수요자와 공급자의 관계를 고려하여, 이 책에서는 현시대의 브랜딩을 다음과 같은 한 문장으로 정의한다. '현재의 브랜드는 제품이나 서비스의 공급자와 그 수요자가 상호작용 하며, 함께 정체성을 확립해 나가는 아바타(Avatar)다.'

　아바타라는 단어에는 같은 어원에서 파생된 다양한 뜻이 존재한다. 보통은 게임 속의 유저를 대변하는 캐릭터, 혹은 제임스 카메론 감독의 유명한 영화 시리즈가 떠오를 것이다. 그러나 아바타에는 그보다 근본적인 의미들이 있는데, 그중 이 책에서는 '인격체로 표현되는 개념이나 철학의 현신' 즉 'Embodiment'라는 뜻에 주목한다.[8] '공급자와 수요자가 상호작용 하며 함께 정체성을 확립해 나가는'이라고 묘사된 부분에서 알 수 있듯, 두 주체 사이에서 이루어 지는 소통 그 자체의 현신이 바로 브랜딩이라는 뜻이다.

앞서 살펴보았듯 현대는 기술과 소통의 시대다. 소셜 네트워크 서비스 등 통신 기술의 발달은 공급자와 수요자의 커뮤니케이션 방식을 더욱 긴밀하게 만들고 있다. 서비스나 제품에 대한 수요자 의 적극적이고 빠른 피드백은 곧 공급자와의 상호작용 관계를 만 드는 동시에 브랜드 가치를 형성한다. 이에 현재의 브랜드는 수요 자와 공급자가 함께 정의하는 유기적인 '아바타'가 되어, 기업을 넘 어 사회 전반까지도 다양한 영향을 미친다. 이러한 현상은 시장을 형성하는 두 주체의 '공동 창작'이라는 개념에까지 이어진다. 이를 잘 살펴볼 수 있는 사례는 LEGO사를 들 수 있다.

| 13 | 공동 창작으로 만들어진 LEGO사의 'The Old Fishing Store'. LEGO Ideas 커뮤니티 멤버 인 Roben Anne이 제안한 아이디어로서, 커뮤니티 멤버들로부터 많은 지지와 투표를 받 아 선정된 후 2017년 상업화된 모델이 출품되었다. 디테일한 건물, 부속품 등 다양한 미니 피규어 등으로 구성되어 있으며 LEGO 팬들에게 인기를 끌고 있다. (Source: www.lego. com, checked on 2023.)

수요자들과 함께 창작하는 'Co-creation'을 통해 제품을 개발하고 소통하는 마케팅을 이룩한 LEGO는 팬층과 매우 긴밀하게 연결되어 있다. 그들은 소통을 위한 플랫폼을 개발하여 수요자들과 함께 제품을 디자인한다. 또한 고객의 의견을 듣고 제품을 개선하기 위한 리스닝 세션을 진행하며, SNS를 통한 직접적인 소통으로 '살아 있는' 기업의 인상을 남기고자 노력한다. 더불어 LEGO 아이디어 스튜디오에서는 수요자가 직접 제품을 커스터마이징할 수 있다. 여기서는 투표가 진행되어 수요자들의 아이디어 중 제품화 될 가능성이 있는 모델이 결정되기도 한다. 이처럼 LEGO의 수요자들은 브랜드가 제공하는 놀이터에서 창작물을 만들고 공유하며, 더욱 제품에 대한 애착과 관심을 높인다.

LEGO의 사례가 잘 보여 주는 것처럼, 브랜드의 정의에 수요자와 공급자를 모두 포함하는 관점은 Mary Goodyear의 〈여섯 가지 브랜드 진화 과정[1996]〉에서 잘 드러난다.[28] 그저 제품에서부터 시작하여, 브랜드는 레퍼런스[참조]의 역할을 하는 과정을 거쳐 수요자에게 감성적인 어필까지 담당하는 하나의 성격으로 발전한다. 이후 특정 가치를 상징하는 아이콘, 기업의 핵심, 심지어 정책에까지 영향을 미치게 되는데, 각 단계를 거듭할수록 수요자가 차지하는 비중이 점차 커지게 된다.

여기서 주목할 것은 브랜드가 '성격[Personality]'을 갖추기 시작할 때이다. 수요자들은 인격체를 대하듯 브랜드의 성격을 판단하고, 감정을 입힌다. 성공적인 브랜드는 매력적인 가치의 상징이 되어, 수요자에게 그것을 따르며 소속되고자 하는 욕구를 가지게 한다. 이 욕구를 중심으로 특정 브랜드의 열렬한 팬층이 형성되며, 각종 커뮤니티에 그 브랜드에 대한 적극적인 홍보를 하는 '브랜드 아바타'들이 만들어진다. 이는 일차적으로 수요자들의 관점에서 정의되는 '브랜드 아바타'다. 공급자의 관점에서는 각종 인플루언서의 활용과 더불어, 그 브랜드를 대신하는 가상 인간 혹은 AI 캐릭터들도 '브랜드 아바타'의 개념에 포함될 수 있다.

| 14 | '브랜드 아바타'의 특성을 가장 잘 살펴볼 수 있는 사례인 K-pop 아이돌 시장. BTS는 글로벌 팬 집단에 ARMY라는 정체성을 부여하여 로고까지 제작하였다. 팬과 브랜드의 경계가 모호해지며, 말 그대로 공급자와 수요자의 소통이 주축이 되어 브랜드가 이루어지는 현상을 보여 준다. (Source: https://ibighit.com/bts/kor/, checked on 2023.)

공급자의 관점에서 브랜드가 캐릭터 아바타로 성공한 사례들은 1950년대 켈로그 시리얼의 'Tony the Tiger'[9]에서부터 시작해, 2020년대 가상 현실 기술을 활용한 3D 아바타 세상인 네이버 '제페토'에까지 이어진다. 그러나 수요자를 포함한 관점의 '브랜드 아바타'는 단순한 캐릭터 아바타의 개념을 뛰어넘어, 브랜드를 능동

적으로 해석하고, 그 가치를 활용한 다양한 활동을 창출한다. 이는 음악을 중심으로 한 다양한 콘텐츠를 판매하는 K-pop 시장의 성공에서도 볼 수 있지만, 물질적인 제품을 만드는 브랜드들에서도 확인할 수 있다. 대표적인 사례가 나이키[NIKE]다. 나이키의 팬들은 자발적으로 기업에 관련된 팬 아트를 제작하여 SNS에 공유하고, 기업의 각종 캠페인에 참여하며 연관된 활동을 직접 주도하는 등, '나이키만의 문화'를 만든다. 이에 나이키는 운동 관련 물품 기업을 넘어, 사회에 다양한 가능성을 제시하는 문화 선도자의 역할을 하게 되었다. 이는 아바타, 즉 '현신'화 된 브랜드가 우리의 문화와 사회에까지 영향을 미치는 모습을 잘 보여 준다.

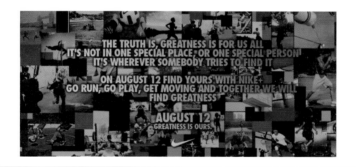

| 15 | 나이키의 'Find Your Greatness' 캠페인. 나이키의 앞선 예시인 BTS와 ARMY처럼, 브랜드의 팬들은 능동적인 주체로 캠페인에 참여하고, 브랜드와 함께 라이프스타일을 만들어 간다. (Source: https://url.kr/u6f591, checked on 2023.)

이처럼 여러 예시에서 볼 수 있듯, 현재의 브랜딩은 공급자와 수요자의 상호작용을 통해 다양한 가치를 전달하는 유기적인 개념이 되고 있다. 공급자들은 어떤 매력적인 가치로 수요자들의 참여를

유도할지, 수요자들은 어떠한 가치를 함께 만들어 나가며 시간과 비용을 투자할지에 관한 판단을 매일 해 나가고 있다. 이와 더불어, 브랜드 디자이너에게는 아바타화된 브랜드를 통해 어떠한 사회적, 문화적 영향을 이끌고 싶은지에 대한 숙고 또한 요구되고 있다. 이제 그들이 상대해야 할 고객은 제품을 구매하는 것을 넘어, 자신이 참여할 만한 '라이프스타일'에 투자하는 존재가 되었기 때문이다.

브랜드 3.5의 시대가 아바타의 역할을 하며 제시한 키워드가 '가치', '라이프스타일', '소통', '참여', '공동 창작'이었다면, 곧 맞이할 브랜드 4.0의 시대에서는 이에 기반한 또 다른 키워드들이 생겨날 것이다. 예상해 보건대 그것은 '기술을 통해 제안받는 맞춤형 라이프스타일', '공간을 초월한 실시간 소통', '공동 창작을 넘어서는 공유 창작'이 될 수 있을 것이다 [여기서 '공유'는 수요자들 사이에서 이루어지는 상호작용의 의미와 공유 경제에서 이루어지는 시장 활동의 의미를 모두 포함한다]. 이러한 변화의 중심에는 초연결 시대를 여는 가상 현실과 AI, IOT를 아우르는 기술 혁신이 뒷받침될 전망이다.

이에 브랜드 4.0의 시대에서 빅데이터를 활용한 AI 기술은 브랜딩의 정의에 새로운 패러다임을 제시할 것이다. 더욱 개인화되고, 맞춤형으로 발전하게 될 소비 경험은 새로운 차원의 연결을 이루어 낼 것이다. 마치 SF 영화의 한 장면처럼 개인 인공 지능 비서가 수요자 개인만을 위한 구매 리스트를 작성하여, 결제만을 승인받을 수도 있을 것이다. 개인의 정보와 소비 패턴, 선호도를 모두 저

장하고 있는 빅데이터는 AI 비서가 주인을 위하여 더욱 효율적인
선택을 할 수 있도록 도울 것이다.[29]

　　반면, 이는 디스토피아적 미래를 상상하게도 한다. 우리의 사회
는 이미 알고리즘에 의한 반향실 효과(Echo chamber effect), 혹은 '필
터 버블(Filter Bubble)'에 대한 우려와 부작용을 안고 있다.[30] 말 그
대로, 개인의 행동 패턴을 익힌 알고리즘에 의해 한정된 콘텐츠만
을 접하며 편협한 선택과 사고의 '버블' 안에 갇히고 있다는 것이
다. AI는 이를 강화하는 것을 넘어서서, 아예 일차적 콘텐츠 선택
의 기회마저도 인류에게서 앗아갈 수 있다. 그럼에도 불구하고 AI
가 선사할 혁신적인 편리성과 장점 때문에 인류는 계속해서 더욱
더 사람 같은 언어를 구사하고, 고도화된 데이터를 소화하는 인공
지능 기술을 연구하고 있다. '기술을 통해 제안받는 맞춤형 가치와
라이프스타일'은 이처럼 데이터에 의해 좀 더 '개인다워진' 삶을 살
기회가 될 수도, 혹은 역으로 기술에 의해 디자인된 삶을 살게 되는
미래를 그려낼 수도 있을 것이다.

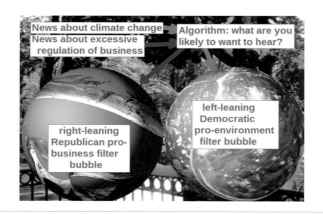

| 16 | 필터 버블을 설명한 이미지. 같은 기후 위기의 주제를 검색해도 개인의 취향에 따라 전혀 다른 뉴스와 정보를 접할 수 있으며, 이가 정치적 성향에 따른 '버블'을 형성해 다른 지지 하는 세력 간의 갈등을 더욱 심화시킬 수 있다는 것을 설명한다. (Source: Tomwsulcer, checked on 2023.)

한편, '공간을 초월한 실시간 소통'을 살펴본다면, 소셜미디어를 통한 수요자와 공급자의 소통이 메타버스 등 가상의 현실에서도 이어지게 될 것을 예상해 볼 수 있다. 이미 '포트나이트', '로블록스', '제페토' 등 게임을 활용한 가상 공간에서는 이러한 움직임이 두드러지게 나타난다. 코로나19로 인해 급격하게 성장하게 된 메타버스 시장에서 수많은 브랜드는 이미 공간적 제약에서 비교적 자유로워졌다. 이렇게 공간을 초월하여 실시간으로 진행되는 소통은 수요자와 공급자 간의 상호작용을 전례 없이 시각적이고 생동적인 경험으로 발전시키고 있다. 흥미로운 사례 중 하나가 구찌, 루이비통, 샤넬 등의 명품 패션 브랜드의 앞다툰 메타버스 진출과 네이버 플랫폼 제페토와의 콜라보레이션이다. 이제 '패션'은 현실 세계에서 개인의 개성을 나타내는 도구뿐 아니라 제페토의 메타버스

| 17 | 이탈리아 명품 브랜드 구찌(GUCCI)와 네이버의 메타버스 플랫폼 제페토의 콜라보레이션. 네이버 제페토는 2022년 3월 기준 가입자 수 3억 명을 돌파했다. 2020년 하반기까지만 해도 2억명에 못 미쳤던 가입자 수가 최근 2년 새 1억 명 이상 늘었으며, 이 중 해외 이용자는 전체 가입자의 90% 이상을 차지한다. 18세 미만 이용자는 80%에 달한다. 한국, 중국, 일본, 미국 등 200여 개 국가의 10대 청소년이 제페토의 주요 고객이다.[10] (Source: KoreaFasionNews, checked on 2023.)

세상에서 자기 아바타를 표현하는 수단이 되었다.

　브랜드들은 새로운 디자인의 옷들을 메타버스 시장에서 선보여 수요자들의 반응을 미리 파악하고, 심지어 수요자들은 이를 자신의 취향에 맞게 커스텀한다. 이뿐만 아니라 수요자들은 자신이 직접 공급자가 되어 메타버스 시장에서 디자인한 옷과 아이템을 판매하기도 한다. 나이, 국적, 성별 등의 제약 없이 수요자가 곧 공급자가 되며, 공급자 또한 수요자가 되는 '공간의 제한 없는' 시장이 형성된 것이다. 플랫폼 형식의 메타버스 시장은 계속하여 발전을 거듭하는 중이며, 수요자와 공급자의 역할에도 큰 변화를 가져오고 있다.

　시장에서 수요자와 공급자의 관계 변화는 경제의 모습에도 영향을 미칠 것이다. 필자는 앞서 브랜드 4.0의 시대가 '공동 창조를 넘는 공유 창조'의 시대가 될 것이라고 주장했다. 이를 설명하기 위해서는 '공유 경제'의 개념을 빼놓을 수 없다. 본래 공동체, 공동 소비, 공동 생산과 같이 초기 형태로 존재했던 공유 경제는 2000년대 초반에 기술의 발전과 함께 현대식으로 재해석되었다.[31] 특히 인터넷 네트워크와 디지털 기술의 발전은 개인과 개인이 자원을 공유하며 서로의 수요와 공급을 조율하는 'Peer to Peer' 형태를 탄생시켰다.[32]

| 18 | 서울시 공유 자전거 '따릉이'. 대한민국 사회 안에서 공유 경제 사회가 도입되고 있는 대표 사례 중 하나다. 수요자는 모바일 애플리케이션을 활용하여 손쉽게 자전거를 이용하고, 반납할 수 있다. 공공 기관이나 정부, 지방 자치 단체가 주도하는 이러한 현상은 민간 기업에서도 확산되고 있다. (Source: www.joongang.co.kr, checked on 2023.)

처음에는 숙박과 교통 등에 초점을 맞추었던 공유 경제는 더욱 다양한 분야로 확장되는 중이다. 2010년대 이후 대규모 경제 플랫폼들이 등장하며, 음식 배달과 의류 공유, 자전거 대여 등의 다양한

서비스로도 그 영역을 넓히고 있다. 이처럼 소유보다는 이용에 초점을 둔 소비문화의 성장은 '셰어[Share]', '렌트[Rent]'의 개념을 활용한 비즈니스 모델과 플랫폼의 성장을 이끈다. 이러한 공유 경제 플랫폼에서 수요자는 재화와 서비스를 함께 나누면서 경제적인 부담을 줄이는 동시에 환경을 위한 지속 가능한 소비 행위 또한 이룰 수 있게 된다.

플랫폼에서 수요자와 공급자가 함께 아이디어를 공유하고, 수요자가 곧 공급자가 되어 제품을 공유하는 시장 활동은 더욱 활발해질 것이다. 이것이 브랜드 4.0 시대에 공유 경제의 중요성이 더욱 두드러지게 될 이유다.[33] 아이디어 교환과 협력을 통한 공유 경제 네트워크의 활성화는 곧 '공동 창조를 넘는 공유 창조'의 시대가 열리게 될 것을 의미한다. 여기에 AI 기술까지 접목된다고 가정해 본다면, 전 구글 CEO인 에릭 슈미트가 주장했듯 기업[공급자]과 소비자 간의 상호작용에는 분명 큰 변화가 오게 될 것이 자명하다.[34]

그렇다면 이러한 브랜드 4.0 시대는 어떻게 정의될 수 있을까? 앞서 이 책에서는 현재의 브랜드가 시장을 형성하는 두 주체가 이루는 상호작용의 현신인 '아바타'라고 정의해 보았다. 곧 우리가 맞이할 미래의 브랜드는 더욱 긴밀하고, 개인 맞춤형으로 진화될 것이다. 이에 수요자들은 효과적인 기술의 활용을 통해 제약이 줄어든 상호작용과 공유적인 창작이 가능한 브랜드 경험을 맛보게 될 것이다. 브랜드 3.5 시대의 생동감 있는 '현신[Avatar]'의 개념을 뛰어넘는, 브랜드 4.0 시대의 '창조적 상호작용 (Creative Interaction)'이 도래할 것이라는 뜻이다. '창조적 상호작용'은 말 그대로, 수요자와 공급자가 상호작용을 통해 브랜드 경험을 공동으로 창조하고 형성하게 된다는 것을 의미한다. 이에 관련된 주장과 근거를 몇 가지 살펴보자.

《호모데우스(Homodeus)》는 데이터 및 AI 기술 발달에 따른 브랜드와 수요자 간의 관계에 대해 새로운 관점을 제시한 흥미로운 책이다. 저자 유발 하라리 교수는 인공 지능 기술의 발전을 통해 공급자가 수요자의 데이터를 수집하고 분석하여 개인화된 경험과 맞춤형 서비스를 제공할 수 있게 될 것이라고 주장한다.[35] 이는 수요자와 공급자 간의 상호작용이 더욱 긴밀하고 개인화된 경험을 제공하는 브랜드 4.0의 특징이라고 볼 수 있다. 기업들이 AI를 통해 더욱 빠른 고객 응대를 할 수 있으며, 수요자가 원하는 맞춤형 제품 또한 함께 '창조'할 수 있게 된다는 의미다.

앞서 언급한 에릭 슈미트 또한 인공 지능과 머신러닝의 발전이 이러한 창조적 상호작용에 큰 영향을 미칠 것이라고 주장한다. 그는 인공 지능을 통해 수요자의 행동과 관심을 더욱 정확하게 파악하고, 그들의 니즈를 주축으로 고도화된 서비스를 제공하는 브랜드가 미래에 성공할 것이라고 말한다. 또한, 인공 지능이 이러한 고객 서비스와 상호작용에서 중요한 역할을 할 것이라는 사실을 거듭 강조한다.[36]

| 19 | (좌): 에릭 슈미트 구글 전 CEO, (우):《인류 3부작》의 저자로 유명한 유발 하라리 교수. 두 사람은 제4차 산업 혁명에서 AI의 중요성에 대해 동의하나, 그 발전 방식과 속도에 대해서는 다른 노선을 보인다. 슈미트는 6개월간 GPT-4를 능가하는 AI 개발을 중단하자는 FLI 의 서한에 동참하지 않았으나, 하라리는 거대 언어 모델(LLM)을 활용한 AI 개발 속도를 늦추어야 한다는 의견에 서명했다. (Source: www.dt.co.kr, www.newsis.com, checked on 2023.)

이러한 학자들의 주장과 더불어, 실제 시장에서도 브랜드 4.0 시대로 향하는 창조적 상호작용을 살펴볼 수 있다. 그중 대표적인 사례이자 OTT의 신화라고 불리는 넷플릭스(Netflix)는 수년 전부터 AI 기술을 도입한 영상 콘텐츠를 제작하여, 다양한 히트작들을 배출했다.[11] 이들은 데이터로 저장되는 수요자들의 다양한 선호도(장르, 시대적 배경, 주인공의 상황 등)를 바탕으로 시나리오를 작성하고, 성공 가능도를 예측한다. 이렇게 탄생한 작품 중 하나가 1980년대의 레트로적 이미지와 팝송을 활용하여 전 세계적인 사랑을 받았던 〈기묘한 이야기(Stranger Things)〉 시리즈다. 특유의 스릴러적인 연출로 도시 괴담과 판타지, 친구들 사이의 우정 등 수요자의 선호에 맞춘 스토리텔링을 풀어낸 것이 이 작품의 특징이다. 콘텐츠 업계에

서도 이미 AI와 데이터 기반 기술은 '창조적인 상호작용'을 이끄는 핵심이 된 셈이다.[37] [이보다 더 다양한 사례들은 다음 챕터 'IDEATE'에서 다루도록 하겠다.]

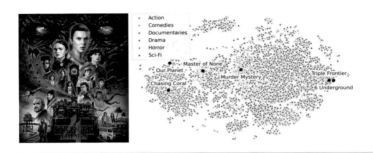

| 20 |　(좌): 시즌 4까지 상영된 넷플릭스 시리즈의 대표적인 히트작, 〈기묘한 이야기〉. (우): AI를 활용한 넷플릭스의 데이터 분석 맵. 수요자들이 어떤 장르를 가장 많이 보고, 찾고 있는지를 알 수 있다. 이에 따라 공급자인 넷플릭스는 성공 가능성이 높은 스토리를 제공할 수 있다. (Source: https://netflixtechblog.com/, checked on 2023.)

　　이처럼 AI를 포함한 제4차 산업 혁명 기술은 수요자와 공급자 간의 관계를 더욱 긴밀하게 만들고, 개인 맞춤형으로 진화하게끔 하여, '상호 창조적인' 브랜딩의 탄생을 가능하게 할 것이다. 이에 오늘날의 브랜드 3.5 시대에서부터 형성된 수요자와 공급자의 '아바타적' 상호작용 관계는 브랜드 4.0 시대에서 '창조적인 상호작용'의 관계로 더욱 발전하여, 두 주체가 함께 브랜드 경험을 형성하고 개선하는 내일을 맞이하게 될 것이다. 그렇다면 이제, 이 모든 것의 중심에 있는 인공 지능 기술이란 정확히 무엇인지, 그리고 그것이 어떻게 우리의 삶과 브랜딩의 부분에까지 영향을 미치고 있는지를 살펴보자. 다음 챕터는 이 책의 'IDEATE' 섹션으로, 본격적으로

제4차 산업 혁명의 기술 중 AI의 발달이 우리 삶과 브랜딩에 미치는 영향을 다룬다. 간략한 AI 기술의 발달 역사, 현재 세계 기업들이 주목하고 있는 AI 기술들, 그리고 그에 따른 수요자들의 심리를 파악해 보는 순서에 따라, 앞으로 펼쳐질 브랜딩의 세상을 상상해 보겠다.

IDEATE

IDEATE

▼

제4차
산업 혁명의
물결

—

브랜딩의 미래

AI의 춘추전국시대가
오기까지

인공 지능에 대한 정의는 1956년 다트머스 회의(미국 다
트머스 대학에서 개최된 학술 회의로, 인공 지능 분야의 탄생점으로 알려져 있음)에서 처
음으로 등장하였다.[38] 현재까지도 유효한 이 정의는 AI 기술을 '컴
퓨터 시스템이 인간의 지능적인 행동을 모방하거나 수행하는 능력
을 가지는 분야'라고 칭한다.[12] 1950년대 초기 인공 지능의 발전에
서 빼놓을 수 없는 인물은 '튜링 테스트'로도 유명한 영국의 수학자
이자 과학자, 앨런 튜링(Alan Turing)이다. 그의 연구와 함께 성장했
다고도 볼 수 있는 인공 지능의 역사는 1950년대부터 그 본격적인
시작이 이루어졌는데, 물론 이때의 기술로는 제한된 작업만 성공
했을 뿐 일반적인 지능을 구현하는 것은 불가능했다. 앨런 튜링은
1950년에 〈컴퓨터와 지능(Computing Machinery and Intelligence)〉이라

는 논문에서 기계가 지능을 가질 수 있다는 개념을 제시했으며,[39] 이를 검증하기 위해 '튜링 테스트'라는 개념을 소개했다.[40]

튜링 테스트는 인간과 기계를 구분하기 위한 실험적인 접근 방법이다. 이 테스트에서는 '판단자'라고 불리는 중요한 인물이 등장한다. '판단자'는 컴퓨터 프로그램과 실제 인간 사이에서 텍스트 기반으로 대화하며 둘 중 어느 것이 기계인지를 판별한다. 이때 판단자가 기계와 인간의 차이를 알아차리지 못한다면 그 기계는 인간 수준의 지능을 가지는 것으로 간주 되는 것이다. 이러한 테스트와 연구는 기계가 '인간 수준의 지능'을 가질 수 있다는 가능성을 제기하였으며, 이는 훗날 인공 지능 분야의 발전에 큰 영향을 미쳤다. 특히 튜링의 연구는 컴퓨터의 자연어 처리와 기계 학습 분야에 많은 영향을 주었음은 물론,[41] 많은 공상 과학 소설과 영화에 영감이 되기도 하였다.

| 21 | 상향된 튜링 테스트를 통과할 만큼 발달한 AI 로봇의 스토리를 다룬 영화, 엑스 마키나(Ex-machina, 2015). AI 창조에 가담한 과학자를 속일 정도로 정교한 인공 지능이 세상에 출현하게 되었을 때 벌어질 상황을 묘사한다. (Source: https://www.sciencetimes.co.kr, checked on 2023.)

이어서 1960년대 초반에는 심볼릭 기호처리 방식(Symbolic AI, 기호와 규칙에 기반하여 지능을 모방하는 방식)에 대한 연구가 주를 이루었다. 이당시 ELIZA라는 프로그램이 사람과의 대화를 흉내 내는 최초의 인공 지능 프로그램으로 주목받았으나, AI 분야를 개척한 과학자인 마빈 민스키(Marvin Minsky)와 시모어 페퍼트(Seymour Papert)는 이시대 AI 프로그램의 구조에 대한 한계를 지적했다. 그들이 함께 펴낸 책《퍼셉트론(Perceptrons)》에 이러한 주장이 잘 드러나 있는데, 특히 복잡한 문제를 처리할 수 없는 퍼셉트론 단층 신경망의 작동방식에 대한 단점이 잘 드러나 있다.[42] 훗날 이러한 주장은 1980년대에 복잡한 비선형 문제를 처리하는 인공 신경망을 사용하려는움직임인 연결주의(Connectionism)로 이어졌다. 데이터와 학습을 통해 지능적인 동작을 구현하는 방법론이 주목받기 시작한 것이다.

1970년대를 대표하는 인공 지능 기술에는 전문가 시스템(Expert systems)의 개발이 있었다. 이 연구는 컴퓨터에게 규칙(IF-THEN)을사용하여 추론과 결정을 수행하게 한 것으로, 전문가 수준의 의사결정 지원 시스템을 구축하는 것이 목표였다.[43] 이러한 시스템은 의료, 경제, 공학 등 다양한 분야에서 활용되었는데, 의학 분야에서는대표적인 예로 1970년대 중반에 개발된 MYCIN이라는 전문가 시스템이 있다. 이는 박테리아 감염에 대한 진단을 도와주는 시스템으로, 사용자에게 질문을 하고 규칙에 따라 확률적 추론을 수행하여진단과 치료 제안을 제공했다.[44] 현재까지도 의료 분야에서의 전문가 시스템의 성공 사례로 평가받는 이 시스템은 의학 진단 분야에서의 AI 활용 가능성을 보여 주었다. 이외에도 프롤로그[Prolog]라고 하는 논리 기반 추론 및 프로그래밍 지원 언어가 개발되는 등,[45] 현대적인 AI 기술의 발달에 초석이 되는 연구들이 많이 진행되었다.

이후 AI 연결주의[Connectionism]가 도래한 것은 1980년대였는데, 연결주의는 인공 신경망을 기반으로 하여 복잡한 비선형 문제를 처리하는 것에 목표를 둔 접근법이었다.[46] 흥미롭게도, 과학자들은 이 접근법을 통해 인간의 뇌 구조와 학습 원리에 영감을 받은 AI 모델을 개발하는 데에 초점을 맞추었다. 하지만 컴퓨터 시스템으로 인간의 뇌를 재현한다는 것은 생각처럼 쉬운 일이 아니었다. 게다가 이 시기에는 1970년대에 등장했던 전문가 시스템의 한계 또한 드러나기 시작했다. 규칙을 기반으로 하는 전문가 시스템을 활용하기 위해서는 규칙 관련 사항들을 사람이 직접 입력해야 했기에, 그 과정이 매우 번거롭고 시간이 오래 걸렸기 때문이다.

| 22 | AI 연결주의에 큰 영향을 미친 과학자, 제프리 힌튼(Geoffrey Hinton). 딥러닝의 선구자로 알려져 있으며, 역전파 알고리즘을 개발하여 신경망에서 가중치를 조정하고 학습하는 방법을 개선했다.[47] 2023년, 그는 인공 지능을 이용한 '킬러 로봇'이 현실화될 것을 우려한다며 10년간 연구원으로 몸담고 있던 구글을 떠났다. (Source: www.aitimes.com, checked on 2023.)

'2보 전진을 위한 1보 후퇴'의 시기가 있었다면 바로 이때였을 것이다. 현실적인 제약과 AI 연구에 대한 낙관주의의 한계가 점차 드러나며, 인공 지능 연구가 예전의 기대에 부응하지 못하는 상황이 발생했다.[48] 이렇게 찾아온 인공 지능 연구의 침체기는 'AI의 겨울'이라고 불렸다. 이는 인공 지능 연구의 개발에 있어서 뛰어넘어야 할 한계가 많았음을 깨닫게 하는 시기였다. 그러나 인류는 늘 그렇듯, 포기를 모르는 존재였다. 80년대가 지나고 찾아온 1990년대에는 바야흐로 인터넷의 시대가 도래했다. 이 시기를 기점으로 AI 연구는 다시 활기를 되찾았으며, 발달된 네트워크와 대량으로 발생하는 데이터를 기반으로 머신러닝(Machine learning), 즉 기계 학습과 데이터 마이닝 등의 연구가 이루어지기 시작했다.[49]

인터넷 보급에 따른 데이터의 증가는 머신러닝과 AI에 대한 연구와 응용에 새로운 가능성을 열어 주었다. 인터넷 네트워크의 공급에 따라 많은 양의 데이터가 온라인 현장에서 공유되고 저장될 수 있게 되었으며, 이는 머신러닝 모델의 학습과 성능 향상을 위한 필수적인 자원이 되었다.[50] 데이터가 다양해지고 그 양이 증가할수록 머신러닝의 알고리즘이 더 정확하고 발전된 모델을 구축할 수 있게 되었기 때문이다. 또한, 온라인 네트워크는 데이터의 공유는 물론, 연구자들의 협업 또한 촉진했다. 전 세계적으로 연결된 AI 연구자와 개발자들은 연구 결과와 데이터를 공유하고 협력하기 시작했다.[51] 덕분에 다양한 데이터 셋(Data set)과 알고리즘이 개발되는 등 AI 기술을 위한 성장이 계속되었으며, 이는 기존 기술의 효율성과 성능을 향상시키는 역할을 했다. 또한, 인터넷과 네트워크의 발전은 실시간 데이터 스트리밍과 클라우드 컴퓨팅 등의 기술을 가능하게 했다. 이는 대규모 데이터 처리와 분석을 위한 확장성과 유연성을 제공하여 머신러닝과 AI 알고리즘의 효율성 및 성능을 향상시켰다.[52]

| 23 | 1997년, 세계 체스 챔피언이자 러시아의 그랜드마스터였던 게리 카스파로프(Garry Kasparov)를 3승, 2무, 1패로 이기고 역사적인 승리를 차지한 IBM의 '딥블루'. 이 대국은 세계를 떠들썩하게 만들었으며, 머신러닝과 인공 지능 연구에 대한 흥미와 투자를 촉발했다. 이후 이러한 시도는 바둑에서 AI 프로그램인 알파고와 이세돌의 대결로도 이어졌다.
(Source: www.forbes.com, checked on 2023.)

2000년대에 들어서며 AI에 관련된 연구는 더욱 흥미진진해졌다. 디지털 기술이 발전하며 대량의 데이터가 폭발적으로 증가하였고, 이는 '빅데이터'라는 이름으로 불리기 시작했다. 게다가 하드웨어 기술의 발전으로 인해 컴퓨팅 능력 또한 대폭 향상되어 결과적으로 더 복잡하고 촘촘한 신경망을 형성할 수 있었다. 특히 그래픽 처리 장치인 GPU의 발달은 이러한 심층 신경망 사용을 가속화

했으며, 거듭되는 발전을 통해 드디어 머신러닝을 뛰어넘는 딥러닝(Deep Learning)의 시대가 도래하게 되었다.[53]

딥러닝은 특히 이미지 인식 분야에서 큰 성과를 거두었다. CNN (Convolutional Neural Network)이라는 딥러닝 아키텍처는 이미지 분류, 객체 탐지, 세그멘테이션 등 다양한 작업에서 뛰어난 성능을 보여 주었다.[54] 이에 AI 기술은 자동차 번호판 인식, 얼굴 인식, 의료 영상 분석 등에 적용되어 실생활에서의 혜택을 제공하기에 이르렀다. 또한, 음성 인식 분야에서도 딥러닝의 혁신을 엿볼 수 있다. CNN에 이은 RNN(Recurrent Neural Network)과 LSTM(Long Short-Term Memory) 등의 딥러닝 모델이 개발되었으며, 음성 인식에는 물론 자연어 처리 작업(컴퓨터에게 인간과 매우 유사한 방식으로 텍스트와 음성 언어를 이해하는 능력을 부여하는 것, NLP라고 불린다)에까지 적용되었다.[55] 이에 발달하게 된 음성 명령 인식 시스템 기술은 오늘날 스마트 스피커나 챗봇 등의 음성 기반 서비스에서 폭넓게 활용되고 있다.

2010년대에 접어들며 실생활과 관련된 인공 지능 기술이 점차 발전함에 따라, 다양한 기업들이 앞다투어 딥러닝을 활용한 혁신적인 제품과 서비스를 출시하기에 이르렀다. 대표적으로 구글은 1970년 세계 체스 챔피언을 이긴 '딥블루'의 레거시를 잇는, 딥마인드 알파고(AlphaGo)를 개발했다. 알파고는 바둑에서마저 세계 챔피언 이세돌을 이기는 업적을 달성하며 다시 한번 세상을 놀라게 했다.[56] 또한, 페이스북, 아마존, 마이크로소프트 등의 대형 기업들

국내외 주요 음성인식 플랫폼							
구분							
이름	알렉사	구글 어시스턴트	시리	코타나	빅스비	누구	기가지니
기업	아마존	구글	애플	마이크로소프트	삼성전자	SK텔레콤	KT
출시예정일	2014년 11월	2016년 10월	2011년 10월	2014년 4월	2017년 상반기	2016년 9월	2017년 1월
특징	아마존 쇼핑몰 통한 자동 구매	안드로이드 스마트 기기 연계	아이폰 아이패드 탑재	윈도10 탑재	갤럭시S8 탑재추정 *사진은 갤럭시S7	국내 첫 상용 서비스	TV 연계, 셋톱박스 기능

| 24 | 2010년대부터 쏟아져 나오기 시작한 AI 탑재 스마트 기기들. 많은 기업이 음성 인식 기술을 활용한 개인 비서로 자사의 제품이 활용되기를 기대했으나, 실제 수요자들의 생활에 활용되는 범위에는 한계가 있었다. 하지만 실생활에 인공 지능 기술을 활용한 로보틱스와 기기들이 등장하기 시작했다는 것에 의의가 있다. (Source: http://news.mk.co.kr, checked on 2023.)

은 음성 인식, 이미지 분석, 자율 주행 등 다양한 분야에서 딥러닝을 적용한 제품과 서비스를 앞다투어 개발하고 출시하였다.

이렇게 AI 기술은 점차 브랜딩에 막대한 영향을 미치기 시작했다. 마침내 'AI 서비스의 춘추전국시대'의 서막이 열린 것이다. 기업들은 딥러닝과 머신러닝을 활용하여 제품과 서비스에 AI 요소를 통합하고, 사용자에게 개인화된 경험을 제공하여 경쟁력을 강화했다. 그 예시로 구글은 딥러닝을 사용한 이미지 검색과 음성 비서 서비스(구글 어시스턴트)를 제공하여, 수요자가 더욱 편리하고 정확한 검색 활동을 할 수 있도록 도왔다.[57] 아마존은 딥러닝을 활용하여 개인화된 제품 추천 시스템을 개발하고, 이를 아마존 웹사이트와 에코 디바이스에 적용해서 고객들에게 맞춤형 쇼핑 경험을 제공하기 시작했다. 삼성, SK 텔레콤, KT 등 한국의 다양한 기업들 또한 이 시장을 선점하기 위한 경쟁에 뛰어들었다.

더불어 제조, 의료, 금융, 마케팅 등 다양한 산업 분야에서도 인공 지능이 일으킨 혁신의 바람이 불었다.[58] AI 기술을 활용한 공정 자동화, 예측 유지보수, 품질 관리 등이 도입되며 제조업 분야에서도 획기적인 발전이 이루어졌다.[59] 의료 분야에서는 의료 이미지 분석에 딥러닝을 사용하여 암 진단이나 질병 예측에 활용하고 있으며,[60] 금융 분야에서도 AI 기반의 맞춤형 서비스들이 대거 등장했다.[61] 특히 브랜딩과 밀접한 관련을 지닌 마케팅 분야에서는 AI를 활용한 고객 행동 예측, 개인화된 광고 캠페인을 통해 맞춤형 서비스를 제공하는 데 주목하기 시작했다.[62]

그리고 현재, AI는 거대 기업을 넘어 중소기업들과 많은 스타트업, 그리고 개인들이 쓸 수 있는 도구로까지 발전하고 있다. 이를 가장 잘 보여 주는 대표적인 사례로 앞서 'INTRO'에서 소개한 ChatGPT, 이미지 생성 툴인 DALL-E와 Midjourney 등의 서비스가 있다. 그리고 이러한 서비스는 나날이 새로워지고 있으며, 더욱 다양해지고, 아주 빠른 속도로 증가하고 있다.

이처럼 1950년에서부터 시작하여 약 70년의 세월 동안 AI 기술은 이미 다양한 서비스 모델화되어 '인공 지능의 춘추전국시대'를 열게 되었으며, 지금 우리에게 소개된 AI 서비스들의 등장은 단지 그 시대의 시작에 불과하다. 그렇다면 다양한 형태의 공급자들은 이 시대에 어떻게 적응하고 있을까? 그리고 그들의 브랜딩에는 AI 가 어떤 방식으로 활용되고 있을까? 이어지는 글에서는 이에 관련된 다양한 사례를 살펴보도록 하자.

브랜딩 4.0은
이미 시작되었다

브랜딩 4.0 시대에 진입하며 우리가 맞이한 큰 변화 중 하나는, 컴퓨터와 온라인 네트워크를 활용한 기술의 활용에 있어서 국가의 경계가 대부분 사라졌다는 것이다(물론, 인터넷을 전방위적으로 사용할 수 있는 곳이라는 전제가 따른다). 오픈 소스로 제공되는 AI는 빅데이터와 함께 현재 마케팅과 브랜딩에 큰 영향을 미치는 기술 중 하나다.[13] IT 기술이 발달한 국가들에서는 대기업, 중소기업, 심지어 스타트업들과 1인 창업자들이 다양한 인공 지능 기술을 사용하여 경쟁력을 갖추고 있다.

이들은 대부분 개인화되고 맞춤화된 서비스로 고객들에게 더 가까이 다가가기 위해 인공 지능 기술을 활용한다. 그렇기에 자연스럽게 기업이 보유한 데이터 처리 능력은 공급자와 수요자가 함께 형성하는 긴밀한 브랜드 경험에 중요한 요소로 자리 잡았다. 이러한 상황 속에서, 앞서 브랜딩 4.0 시대의 특징으로 언급한 '창조적인 상호작용'이 현실화되고 있다. 2023년을 배경으로 하는 이 책에서는 주로 미국을 중심으로 한 서구권 국가들과 대한민국의 사례를 살펴보겠다.

필자는 현재의 공급자들이 AI를 사용하는 분류 기준을 크게 네 가지로 나누었다. 그것은 AI를 데이터 분석에 사용하는 사례, 실시간 상호작용 예측에 활용하는 사례, 창의적인 마케팅 콘텐츠 제작에 사용하는 사례, 그리고 AI를 활용한 콘텐츠 생성을 아이덴티티로 활용하고 있는 사례들이다. 우선 그 첫 번째 분류의 이야기부터 시작해 보자.

● AI를 데이터 분석에 사용하는 사례

소셜미디어와 콘텐츠 등 플랫폼 중심의 기업들과 검색 엔진으로 유명한 IT 계열 기업들은 고객의 데이터를 분석하여 맞춤형 광고와 서비스를 제공하는 데 노력을 기울이고 있다. 대표적인 것들이 알고리즘을 활용한 추천 기능이라고 볼 수 있다.

공룡 기업들부터 살펴보자면, 그 첫 번째 주자인 구글은 광고

주가 웹 검색 결과 페이지나 유튜브, 앱 등에서 광고를 게재할 수 있는 플랫폼 '구글 애드(Google Ads)'의 발전에 박차를 가하는 중이다.[14] 이 플랫폼을 이용하는 고객은 또 다른 공급자들이라는 것이 특징이며, 그들에게는 특정 검색어를 통한 광고를 게재하는 것이 요구된다. AI는 키워드 분석과 타겟팅을 통해 광고주의 관련 검색어와 연결되도록 하고, 노출 대상과 범위를 결정한다.

광고주들은 이러한 캠페인의 성과 분석과 관련 데이터 수집을 통해 브랜드 인지도와 고객의 반응을 파악할 수 있다. 이는 '세계 최대의 빅데이터를 통한 광고주들을 위한 맞춤형 광고'를 내세우는 구글 애드의 자체 브랜드뿐 아니라, 이 플랫폼을 이용하는 공급자들의 브랜딩과 마케팅 방식에도 영향을 미칠 수 있음을 시사한다. 현재 구글은 애드뿐 아니라 클라우드, 어시스턴트 등 광범위한 서비스에서 고도화된 AI 기술을 도입하고 있으며, 다양한 공급자들을 위한 인공 지능 API 서비스를 갖추고 있다.

| 25 | 구글 클라우드에서는 다양한 AI 기반 API들이 제공되어 공급자들이 자신의 서비스에 AI를 임플리먼트 할 수 있도록 서비스하고 있다. 데이터 과학자를 위한 AI인 Vertex AI, 개발자들을 위한 Auto ML, 기업용 솔루션을 제공하는 Contact Center AI 등 그 종류가 매우 다양하다. 이에 대기업뿐만 아니라 중소기업들과 스타트업들도 이를 활용한 사업을 시도할 수 있게 되었다. (Source: https://cloud.google.com/products/ai?hl=ko, checked on 2023.)

다른 거대 기업인 유튜브와 페이스북, 인스타그램도 수요자들의 니즈에 맞는 '맞춤형 콘텐츠' 서비스를 제공하며 AI 알고리즘을 적극적으로 활용하고 있다. 특히 시각적 이미지 중심의 SNS 플랫폼인 인스타그램에서 2020년 출시한 Reels는 짧은 동영상 콘텐츠를 제공하는 기능으로, 사용자들은 쉽게 창의적인 콘텐츠를 만들고 공유할 수 있다.[15] Reels의 AI 알고리즘은 사용자의 시청 기록과 행동 패턴 데이터를 분석하여 맞춤형 동영상을 추천한다. 실시간 토픽을 공유하는 플랫폼인 트위터[현재 'X'] 또한 이렇게 맞춤 콘텐츠를 제공한다. 트위터는 각종 콘텐츠 추천, 실시간 감정 분석, 트렌드 파악, 그리고 최적의 인플루언서 마케팅에 AI를 활용한다.[16]

| 26 |　(좌) 페이스북의 일인칭 시점 동영상 기술 구현을 위한 컴퓨터 비전 모델. (우) 2012년 페이스북이 인수한 인스타그램의 릴스 영상에 연구되고 있는 GDT(Generalized Data Transformation) 기술. 데이터 분석을 통해 영상에서 소리와 이미지 간의 관계를 체계적으로 학습하는 방법을 사용하고 있다. (Source: Facebook, Instagram Blog, checked on 2023.)

SNS 채널뿐 아니라 영상, 음악, 패션 및 음식 분야의 브랜드에서도 AI는 다양하게 활용되고 있다. 기존에 언급한 바 있는 Netflix, Disney+, Apple TV 등 OTT 기업들은 이미 사용자 데이

터를 기반으로 영화 및 TV 프로그램을 추천하고 있다.[17] 음악 스트리밍 서비스의 선두 주자인 Spotify는 사용자의 음악 재생 기록, 좋아요, 공유 등을 분석하여 맞춤형 음악 추천을 제공하는 알고리즘을 활용한다.[18] 이와 비슷하게 Pandora는 Music Genome Project라는 AI 기술을 활용하여 사용자의 음악 취향을 분석하고 유사한 음악을 추천한다.[19]

이커머스 분야에서도 이러한 움직임은 이미 시작된 지 오래다. 아마존은 사용자의 이전 구매 기록, 검색 히스토리, 평가 등의 데이터를 분석하여 개인에게 맞춤화된 상품 추천을 제공하는 추천 엔진을 활용한다.[20] 또한 고객 운송 서비스로 시작하여 음식으로까지 서비스를 확대한 Uber Eats[21]는 추천 알고리즘을 통해 사용자의 주문 기록, 선호 음식, 리뷰 등을 분석하여 메뉴를 추천한다. 패션 분야의 좋은 예시로는 Stitch Fix[22]가 있다. 2011년 중소기업으로 시작하여 기업 규모를 확장하고 있는 이들은 사용자의 스타일 프로필, 취향 설문 조사 결과 등을 기반으로 AI 스타일리스트를 활용하여 개인에게 어울리는 의류를 추천한다.

그렇다면 AI 기술을 활용하여 브랜드 가치를 높이고 있는 대한민국 기업들에는 어떤 곳이 있을까? IT 기업의 대표 주자인 네이버와 카카오는 놀라운 속도로 AI 시장을 선도하고 있다. 카카오의 경우 인공 지능 플랫폼 '카카오i'를 기반으로 만들어진 서비스 앱 '헤이카카오', 비즈니스 오너를 위한 AI 기반 챗봇 서비스 등을 제공하고 있다.[23] 특히 다양한 비즈니스에 접목할 수 있는 챗봇은 AI 기반 음성 인식 기술을 도입한 메시지 확인 및 검색을 지원하는 등 다양한 서비스를 제공하고 있으며, AI 기반 광고 플랫폼을 통해 타겟 그룹에 효과적인 광고를 전달한다.

| 27 | 카카오의 챗봇에는 모든 예상 질문을 등록해두지 않아도 고객의 말을 알아듣고 알맞은 답변을 찾아내는 머신러닝이 사용된다. 또한 챗봇 설계에 필수적인 기본 어휘사전이 엔티티로 제공되며, 외부에서 개발한 API와 연계하여 데이터를 주고받거나 챗봇의 자동적인 응답을 원하는 대로 구성할 수도 있다. (Source: https://business.kakao.com, checked on 2023.)

네이버는 자체 개발한 AI 기술을 검색 엔진에 적용하여 사용자의 검색 질문을 이해하고 정확한 결과를 제공하도록 노력하는 한편, AI 비서 서비스를 제공한다. 음성 인식과 자연어 처리 기술이 포함된 '클로바' 시리즈[24]는 개인 비서라는 호칭답게 사용자의 일정 관리, 알람 설정, 음성 인식 기술을 사용한 메모 작성 등을 지원하는 기능으로, ChatGPT보다 한국어 데이터를 6천 500배 이상 습득하여 '하이퍼클로바' 및 '하이퍼클로바X[2023년 하반기]'의 형태

로 거듭 업그레이드 중이다. 또한 이들은 개발자를 위한 오픈 API 들도 제공하고 있기에, 사용자는 이러한 기능을 자신의 서비스나 애플리케이션에 통합하여 다양한 니즈에 맞게 활용할 수 있다.

초대규모 AI HyperCLOVA 기반의 No Code AI 도구

| 28 | 빅데이터 망을 활용한 하이퍼클로바의 No Code AI 도구에 대한 설명. 코딩 없이도 인공지능 기술을 사용할 수 있도록 디자인된 서비스들이 다양한 공급자들의 니즈에 맞게 사용될 수 있다. 이를 활용하면 단순한 흥미 유발부터 콘텐츠 분류, 레시피 창조, 기획전 구상, 마케팅 문구 생성 등의 다양한 활동이 모두 온라인에서 이루어질 수 있다. (Source: https://www.ncloud.com/product/aiService/clovaStudio, checked on 2023.)

IT 분야가 온라인에서 수집된 정보 위주의 데이터 분석에 초점을 맞춘다면, 부동산과 기술을 접목한 프롭테크(Proptech) 분야에서는 물리적으로 모집한 오프라인 데이터 또한 중요하게 활용한다. 이 분야의 대표 주자로는 대한민국의 알스퀘어(Rsquare)를 살펴보자. 아시아 기업 중에는 최초로 상업용 부동산 분석 솔루션인 '알스퀘어 애널리틱스'를 개발한 이들은 국내 최고 수준의 빅데이터와 딥데이터(Deepdata)를 확보한 기업이다.[25]

Data Giant RSQUARE

알스퀘어는 전수조사로 확보한 국내외 업무·상업용 빌딩 30만 개의 데이터와
IT 인프라를 통해 임대차 중개와 매입·매각 자문, 데이터 애널리틱스
자산관리, 인테리어 리모델링 등 상업용 부동산 전 영역에 걸쳐
최고 수준의 서비스를 제공합니다.

| 29 | 알스퀘어는 BTS 소속 회사, '하이브(과거 빅히트엔터테인먼트)'의 신사옥 계약을 성사했으며, 매물 제공에서부터 계약까지 모든 부분을 담당했다. 또한 KB인베스트먼트, 카카오M, 무신사 스튜디오, '토스의 비바퍼블리카 등 2만여 개에 달하는 회사들이 이들을 통해 사무실을 마련했다. (Source: https://jmagazine.joins.com/forbes/view/331459, checked on 2023.)

알스퀘어는 전수조사로 30만 개 이상의 국내외 상업용 부동산 데이터를 확보하여 부동산의 공급 추이, 임대 동향, 권역별 임대료, 공실률, 거래 사례 등을 한눈에 확인할 수 있는 서비스를 구축했다. 또한, 이들은 최근 투자를 단행한 프롭테크 AI 기업의 인테리어 AI 와 결합하는 등, 최신화된 기술을 접목하여 부동산 서비스의 패러다임을 바꾸는 선두 주자가 되었다.

지금 살펴본 사례 이외에도 무수히 많은 기업이 브랜드 경험 제고를 위하여 다양한 방향으로 AI 데이터 분석 툴을 활용하고 있다. 브랜드 경쟁력을 높이기 위한 공급자들의 질문은 '경쟁력을 갖추기 위해 우리도 AI 기술을 도입해야 할까?'에서 '수요자와 더 밀접하게 상호작용 하기 위해 얼마나 더 발전된 AI 기술을 도입할 수 있을까?'로 변하고 있다. 불과 몇십 년 전 시장 장악을 위해서는 인터넷 네트워크의 활용이 필수적이었던 것처럼, 현재는 인공 지능 기술이 그 조건이 되어 가고 있다는 신호다.

● AI를 실시간 상호작용 예측에 사용하는 사례

인공 지능 기술을 실시간 상호작용을 위해 사용하고 있는 공급자들의 대표 사례는 쿠팡 이츠, 배달의 민족과 같은 음식 배달 대행 서비스다. 이들은 인공 지능 기술을 활용하여 고객과의 효율적인 소통을 지향한다.[26] 실시간 픽업 예측과 예상 소요 시간 예측 시스템은 고객에게 주문 후의 배달 현황과 시간을 알려 준다. 이는 AI 알고리즘이 실시간으로 데이터를 분석하고, 주문량, 거리, 교통 상황 등을 고려하여 시간을 예측함으로써 가능하다. 이러한 맞춤형 서비스에서도 고객 데이터[고객의 주문 기록, 선호도, 평가 등] 분석은 기본으로 작용하며, 마음에 드는 음식 추천이나 개인화된 할인 쿠폰 시스템을 제공받는 사용자들은 브랜드 로열티를 가지게 된다.

비슷한 사례로 우버[Uber]를 들 수 있다.[27] 우버는 실시간으로 운전자와 승객을 연결하여 택시 및 이동 서비스를 제공하는 플랫폼이다. 이들은 실시간 위치 추적, 실시간 요금 계산, 실시간 예상 도착 시간 등을 제공하여 사용자들에게 편의성과 실시간 정보를 제공하는 데 AI와 GPS 시스템을 도입하였다. 물류 배송 업체로 잘 알려져 있다가 음식 배달 업체로까지 연결된 쿠팡의 사례처럼, 우버 또한 2014년부터 앞서 간략히 소개한 우버 이츠(Uber Eats) 서비스를 시작했다.[28] 다만 우버 이츠는 AI를 활용하여 주문 예측과 배달 예상 시간을 개선하는 데 더욱 주력하고 있는 것이 특징이다. 우버 이츠가 배달 시간을 정확하게 예측하는 것을 목표로 삼는다면, 쿠팡 이츠는 사용자에게 맞춤형 음식 추천을 제공하여 사용자 경험을 높이는 전략을 선택하고 있다고 볼 수 있다.

| 30 | 대한민국 이커머스 시장의 강자인 쿠팡은 로봇과 AI 기술을 도입하여 혁신적인 물류 분류 작업과 배송 시스템을 갖춰 나가고 있다. 2022년 기준 2분기 연속 흑자를 내며 유통업계를 놀라게 한 쿠팡의 성공 중심에는 AI(인공 지능)가 있었다. 쿠팡은 국내에서 처음으로 익일배송(로켓배송) 서비스를 도입하며 유통업계의 새로운 모델을 제시했다.[29] (Source: https://news.coupang.com/archives/19485/, checked on 2023.)

이커머스, 유통, 교통 등의 서비스 이외에도 실시간 소통에 AI 기술이 사용되는 사례는 다양하다. 슬랙, 디스코드, 트위치 등의 온

라인 플랫폼들을 살펴보자. 사내 협업 플랫폼인 슬랙은 챗봇(Bot) 기능을 통해 워크플로우에 필요한 실시간 자동 응답이 가능한 서비스를 제공한다.[30] 이를 통해 사용자들은 실시간으로 정보를 얻거나 서비스를 이용할 수 있다. 게임용 커뮤니케이터로 개발된 디스코드는 음성 및 텍스트 채팅 기능을 지원하는 AI 기술을 사용한다.[31] 디스코드의 음성 인식 기술은 사용자들의 음성을 실시간으로 변환해 준다. 또한, 텍스트 채팅 기능에서는 자연어 처리 기술을 사용하여 사용자가 손쉽게 메시지를 이해하고 응답할 수 있도록 돕는다.

이외에도 실시간 소통 플랫폼의 대표 기업인 트위치[32](아마존의 자회사이자 대한민국의 아프리카 TV와 비슷한 플랫폼) 또한 인공 지능 기술을 사용하여 다양한 기능을 제공하는데, 채팅 봇 기능을 활용한 채팅 관리 및 필터링, 음악 재생, 게임 결과 예측 등이 그 예시다. 이러한 기능은 모두 앞서 이야기한 자연어 처리 및 패턴 인식과 같은 AI 알고리즘을 기반으로 구현된다.

| 31 | Discord의 AI 채팅 통합 기능인 Clyde. OpenAI 기술을 사용하며, 수요자들이 실시간으로 친구와 함께 어울릴 수 있는 서비스를 제공한다. 수요자는 아직 실험적인 기능인 Clyde를 활용하여 지식, 일상의 팁, 농담 등 새로운 것을 발견할 수 있으며, 퀴즈와 같은 대화형 게임 플레이를 할 수도, 영화나 책 등을 추천받을 수도 있다. 또한 자신만의 GIF나 밈, 이모지 등을 통해 재미있는 자기표현을 할 수도 있다. (Source: https://support.discord.com, checked on 2023.)

여행과 소매업[무인 매장] 분야에서도 실시간 커뮤니케이션은 광범위하게 사용되고 있다. 그중 에어비앤비[Airbnb]는 개인이나 기업이 자신의 공간을 숙박 시설로 제공하고 여행자들이 이를 예약하여 사용할 수 있는 플랫폼이다. 이들은 실시간 예약, 메시징, 호스트 응답 등을 통해 사용자들에게 실시간 상호작용과 편의성을 제공하고 있으며, 보안을 위한 AI 툴을 개발했다. 자사 서비스 이용자의 행동, 성격 특성을 분석하는 AI 기반 소프트웨어가 그것이다.[33] 이는 문제를 일으킬 위험이 있는 숙박객을 미리 알아낼 수 있도록 고안된 시스템이며, 고객의 소셜미디어를 포함한 온라인 행적을 예측할 수 있도록 설계되었다. 또한 머신러닝 알고리즘을 통한 집주인[호스트]과 고객[게스트]의 적합성을 계산할 수도 있다.

국내 스타트업 중에는 '마이리얼트립[Myrealtrip]'이 최초로 ChatGPT가 연동되어 실시간 여행 정보를 제공해 주는 '마이리얼트립 AI 여행플래너'를 선보였다.[34] 생성형 언어 모델인 ChatGPT의 장점을 활용하여, 수요자가 마치 온라인 여행 비서와 대화하듯이 자연스럽게 정보를 주고받을 수 있는 것이 특징이다.

| 32 | 론칭까지 48시간밖에 걸리지 않았다는 서비스, '마이리얼트립 AI 여행플래너'. 애플리케이션에서 사용할 수 있는 이 서비스는 본래 사내 '해커톤'에서 이루어진 아이디어였다. 어디로 떠나고 싶은지, 얼마나 머무르는지, 누구와 함께 여행하는지 등 수요자의 세세한 니즈까지 고려한 맞춤형 여행 정보와 숙박 업소를 실시간으로 제공한다. (Soure: https://yozm. wishket.com/magazine/detail/1949/, checked on 2023.)

마이리얼트립은 엔데믹과 함께 다시 활기를 얻은 여행 기업 중 하나로, 국내 최초로 면세점 위스키의 가격 비교 서비스를 선보이는 등 전략적인 데이터 분석과 빠른 시장 적응으로 주목받았다. 이들은 단순히 AI 서비스를 여행 데이터에 접목한 것이 아니라, 화면 내에서 수요자와의 인터렉션이 어떻게 이루어질 것인지를 고민했다. '대화 시스템'를 강조하는 이 서비스의 UX와 UI는 고객이 실시간으로 추천되는 정보와 친근하고 효율적으로 상호작용할 수 있도록 돕는다.

AI 무인 매장 분야의 리얼타임 커뮤니케이션에서는 아마존 고 (Amazon Go)가 기술력과 비용의 문제로 한차례 고배를 마신 적이 있었다. 이후 여러 스타트업이 이러한 문제점을 파악하여, 인공 지능을 활용한 리테일 시장에 새롭게 도전하고 있다. 대한민국의 기업들인 파인더스 AI와 치즈에이드가 그 좋은 예시다.

| 33 | 2023년 6월 설립된 파인더스 AI의 'Super Swift'와 2022년 9월 설립된 치즈에이드의 'Price Lab'. 실시간으로 가격을 측정하고, 고객의 동선을 파악하는 기술을 통해 한국의 AI 무인 리테일 시장을 선도하고 있다. (Source: https://fainders.ai/, http://cheeseade. com/project, checked on 2023.)

2020년 설립된 파인더스 AI는 일찍이 무인 매장 솔루션의 미래성을 알아보았다. 빠르게 증가하고 있는 인건비와 얇아지는 인구 구조, 그리고 일할 사람을 점차 구하기 어려워지는 사회적 현상을 파악했기 때문이다.[35] 이들은 강남역 근처에서 무인 매장을 오픈하여, 컴퓨터 비전 기술을 활용한 결제 무인화와 자동화는 물론, 실시간 선반 관리와 매장 내 정보 데이터화를 이루어 냈다. 'Super Swift'라는 매장의 이름은 이렇게 빠르고 간편한 소비를 가능하게 하는 공간의 특징과 어울린다.

공공데이터, 소비 데이터, 제품 정보를 합쳐 가격을 정하는 치즈에이드는 용산구에 무인 그로서리 스토어 'Price Lab'를 설립했다.

삼성전자 사내벤처 C-Lab에서 시작된 이들은 AI가 제시하는 가격 정보와 가시광 기술 기반, 무인 매장 가격 혁신 실험실을 선보였다.[36] 상품의 결제는 애플리케이션을 통해 이루어지며, 결제 시 축적되는 고객 데이터 또한 이들의 알고리즘에 포함된다. 이들은 앱 기반 서비스를 제공하는 만큼, 스마트폰 사용에 취약한 고객을 위한 연구를 계속하고 있다.

프롭테크 분야의 또 다른 사례로는 한국의 직방 (Zigbang)을 살펴보자. 직방은 부동산 매물 정보와 중개 서비스를 제공하는 플랫폼이다. 실시간 매물 검색, 실시간 중개사 연결, 실시간 알림 등을 통해 사용자들에게 신속하고 효율적인 부동산 거래를 제공하는 것이 이들의 특징이다. 직방은 사용자의 요구사항과 매물 정보를 리얼타임으로 매칭하는 알고리즘을 사용하는데, 이를 통해 사용자들에게 가장 적합한 매물을 제안하고 중개사와의 긴밀한 소통을 지원한다.

| 34 | 직방 RED에서는 실시간 빅데이터를 활용한 AI 기술을 통해 부동산 전문인들을 고객으로 유치하고 있다. '빅데이터'라는 키워드를 전면에 세워, 쉽고 정확하게 부동산의 트렌드를 분석할 수 있는 플랫폼이라는 브랜드 이미지를 형성한다. (Soure:https://red.zigbang.com/, checked on 2023.)

더 나아가 현재는 부동산 전문가를 위한 인공 지능 빅데이터 솔루션 '직방 RED(Real Estate Data)' 서비스를 출시했는데, 이는 부동산 빅데이터에 데이터 사이언스 기술을 접목한 서비스이다. 부동산을 전문적으로 다루며 관심을 가지는 수요자들은 고품질 정보를 제공하는 전문가용 부동산 통계 데이터 도구로 이를 활용할 수 있다. 2019년에 베타 서비스를 선보인 이후, 직방 RED는 건설·금융사, 공공 기관을 비롯한 준전문가 집단을 대상으로 90여 개 이상의 부동산 시장 지표를 선정해 서비스를 제공하고 있다.[37]

● AI를 창의적인 마케팅 콘텐츠 제작에 사용하는 사례

인공 지능은 창의적인 마케팅 콘텐츠 제작에도 활용되어 브랜드의 이미지에 장기적인 영향을 미친다.[63] 명품 패션 브랜드 등, 역사와 전통을 중요한 브랜드 에퀴티(Brand Equity)로 갖춘 공급자들은 시대의 흐름에 발맞추어 새로운 기술을 도입하거나, 그러한 기술을 가진 플랫폼과 협업하고 있다. 앞서 '수요자와 공급자의 벽 부수기' 챕터에서 예시로 들었던 구찌와 네이버의 컬래버레이션도 그것을 보여 주는 사례이지만, 2023년 봄에는 AI 툴을 활용한 재미있는 마케팅들이 대거 출현했다. 여기서는 명품 브랜드 '발렌시아가'의 일례를 깊이 있게 다루어 볼 텐데, 그 이유는 이들이 활용한 전략에 다양한 요소들이 점철되어 분석할 만한 흥미로운 요소들이 많기 때문이다.

발렌시아가 스타일로 재구성된 〈해리포터〉 시리즈의 캐릭터 '도비'와 주인공 '해리포터'.
AI로 만들어진 모델의 이미지와 영화 〈해리포터〉에 등장하는 배우들의 특징이 적절하
게 섞여, 극사실적인 이미지에 묘한 비현실성을 부여하는 것이 이 밈의 흥미로운 점이다.
(Soure: https://harpersbazaar.co.kr/article/76737, checked on 2023.)

발렌시아가는 참신한 발상으로 유명한 브랜드다. 그들은 2016
년 어글리 슈즈의 대란을 일으킨 크리에이티브 디렉터 뎀나 즈바
살리아(Demna Gvasalia)를 기용하며 독특한 하이 엔드 스트릿 브랜
드로서의 입지를 굳히고 있다. 이러한 브랜드 이미지는 최근 인
공 지능 기술을 활용한 '밈(Meme)' 마케팅과 더해져 더욱 공고해
졌다. 발렌시아가에게 상상 이상의 마케팅 성과를 안겨 준 것은
ChatGPT, Midjourney, ElevenLabs, DID 등의 AI 툴을 활용한
동영상이었다. 몇 분 남짓한 이 동영상에서는 유명 영화 시리즈이
자 책 시리즈인《해리포터》의 주인공들이 발렌시아가 스타일로 갖
춰 입고 "너는 마법사란다, 해리(You're a wizard, Harry)."라는 대사 대
신 "너는 발렌시아가란다, 해리(You're a Balenciaga, Harry)." 등의 대
사를 말한다. 그런데 이 캐릭터들의 모습과 목소리가 기묘하게 오

AI 브랜딩 – IDEATE

리지널 배우들과 닮아, 시청자에게 해리포터와 발렌시아가라는 예상치 못한 조합에 흥미를 느끼게 만든다.

여기서 눈여겨볼 점은 이 밈을 비밀리에 발렌시아가의 직원이 진행한 것인지, 그저 발렌시아가를 좋아하는 수요자가 만들어 낸 것인지를 알 수 없다는 것이다. 지금까지 커뮤니티에 알려진 정보는 유튜버인 'Demonflyingfox'가 생산한 영상을 시작으로 바이럴 현상이 일어나, 유튜브 쇼츠 플랫폼이 발렌시아가 스타일로 착장한 해리포터로 도배되었다는 사실이다. 업로드 2주 만에 300만 뷰를 달성한 이 동영상의 유튜버가 진정한 발렌시아가의 수요자였다면, 이는 브랜딩 4.0 시대의 '창조적인 상호작용'을 몸소 실천한 사례로 볼 수 있을 것이다. 그리고 설령 이 유튜버가 발렌시아가의 숨겨진 직원이라고 하더라도, '온라인 밈'의 특성상 이는 이미 상호작용의 창조적인 과정을 잘 보여 주는 사례로 여겨질 수 있다. 이후로도 유튜버들과 발렌시아가의 수요자들 사이에서 자발적으로 수많은 패러디들이 일어나며 'AI 발렌시아가 열풍'에 불을 지폈기 때문이다.

| 36 | '발렌시아가 해리포터'를 넘어 '발렌시아가 정치인'으로 발전한 밈 현상. 이외에도 많은 기업인, 마블 히어로 주인공들 등의 이미지가 발렌시아가 스타일로 재생산되었다. (Source: https://harpersbazaar.co.kr, checked on 2023.)

수요자와 공급자의 창조적인 상호작용이 드러난 것을 제외하고도, 이 사례에서는 '해리포터'라는 콘텐츠와 발렌시아라는 브랜드의 만남이 돋보인다. 어찌 보면 전혀 어울릴 것 같지 않은 이 둘이 새로운 마케팅 형식의 부상을 이끌었고, 그것이 참신한 아이디어의 표현이라는 발렌시아가의 이미지와 잘 맞게 되어 기업의 브랜딩에까지 영향을 주었다. 게다가 발렌시아가의 가치를 드높이는 인물들의 대사를 유명 배우들의 목소리로 듣게 함으로써 얻게 되는 광고 효과는 덤이 되었다. 여기에 유튜브라는 플랫폼의 AI 알고리즘이 추천 동영상으로 이러한 콘텐츠를 전 세계에 널리 공급했다는 사실만 생각해 보아도, 이미 AI가 제품 생성뿐 아니라 마케팅 콘텐츠의 영역, 그것이 소비되는 플랫폼의 영역에서도 엄청난 힘을 가지고 있다는 것을 보여 준다. 재미있는 사실은, 이러한 막대한

효과를 누리게 된 발렌시아가는 사실상 브랜딩이나 마케팅 비용을 거의 한 푼도 들이지 않았을 가능성이 크다는 것이다.

● **AI를 활용한 콘텐츠 생성을**
   아이덴티티로 활용하고 있는 사례

마지막으로 살펴볼 사례는 생성형 AI로 콘텐츠를 제공하며, 인공 지능 자체를 중심 비즈니스 모델로 활용하는 기업들이다. 2020년대 초반부터 대거 등장하기 시작한 이들의 브랜드 아이덴티티는 거의 AI 기술 그 자체로 이루어졌다고 봐도 과언이 아니다. 이 책의 초반부터 등장했던 OpenAI의 언어 모델 ChatGPT, AI 이미지 생성기인 Midjourney, 인공 지능을 활용해 비디오와 이미지를 새로운 스타일로 바꾸어 주는 runway의 Gen-1&2 등이 모두 여기에 속한다. 이러한 기업들은 실시간으로 늘어나고 있으며, 더욱 향상된 속도와 퀄리티로 고객들을 모으려고 경쟁한다. 뛰어난 기술력은 곧 이들의 혁신적이고, 획기적인 서비스를 대변하는 브랜드 이미지가 된다. 소형 스타트업으로 생겨나고 있는 이러한 기업들의 영역은 이미지 및 동영상 생성, 글 생성, 음성 생성 및 작곡에까지 확대되고 있다.

먼저, 이미지 및 동영상 생성 분야에서의 AI 기술을 활용한 기업들의 대표 주자로는 runway ML을 소개하겠다.[38] 이 서비스는 신경망 기반의 AI 모델을 사용하여 이미지 및 동영상 생성에 특화된 툴킷을 제공한다. 사용자는 직관적인 인터페이스를 통해 다양한 AI 모델을 적용하여 예술적인 작품을 생성할 수 있는 한편, 실시간으로 이미지 결과를 시각화하고 조정할 수 있다. runway ML은 GAN(Generative Adversarial Network)과 같은 생성적인 신경망 모델을 사용하여 이미지 생성과 동영상 생성을 수행하는 것으로 알려져 있다.

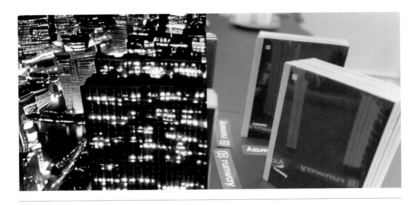

| 37 | 책상에 세워 놓은 책을 건물이 세워진 도시 전경으로 변신시키는 Gen-1의 스토리보드 기능. 간단한 Mock-up으로 훌륭한 이미지와 비디오를 만들어 낼 수 있다. 2023년 하반기, 텍스트 프롬프트를 영상화할 수 있는 Gen-2도 출시되었다. (Source: https://research. runwayml.com/gen1, checked on 2023.)

이외에도 GAN 알고리즘을 활용해서 사용자가 원하는 이미지를 혼합하여 새로운 작품을 생성할 수 있도록 만드는 플랫폼에는 ArtBreeder가 있다.[39] DeepArt[40]라는 서비스도 이와 유사한데, 여기에서는 사용자의 사진을 유명한 작품의 스타일로 변환하는 서

비스를 제공한다. 사용자가 이미지를 업로드한 후 원하는 작품 스타일까지 선택하면 AI 알고리즘이 이미지를 분석하고, 이를 사용자가 지정한 스타일로 이미지를 재구성한다. 이러한 DeepArt는 CNN(Convolutional Neural Network)을 기반으로 한 이미지 스타일 전이 알고리즘을 사용하여 이미지를 변환한다. 이러한 서비스 이외에도 대중에게 널리 알려진 이미지 생성 AI 툴로는 미드저니와 스테이플 디퓨전, DALL-E 등이 있다.

글 생성 및 번역 분야에서의 기업에서도 사용되는 대표적인 AI로는 OpenAI가 개발한 GPT 시리즈와 응용 AI 모델인 뤼튼(wrtn.ai), 재스퍼(Jasper.ai), 카피(copy.ai) 등이 있다. 2023년 현재 ChatGPT-4(Generative Pre-trained Transformer 4)까지 출시가 되었는데, 자연어 처리와 생성 모델링에 특화된 GPT 시리즈는 대규모 데이터셋을 학습하여 다양한 글, 문장, 단락을 생성하고 이해할 수 있다. GPT는 트랜스포머(Transformer)라는 신경망 아키텍처를 기반으로 하며, 자연어 처리를 위해 LSTM(Long Short-Term Memory)과 어텐션(Attention) 메커니즘을 활용한다. 우리에게 익숙한 ChatGPT는 대화형 AI 모델로, 대규모 데이터셋을 학습하여 문맥을 이해하고 응답을 생성하는 데 특화되어 있다.

2009년부터 시작해 꾸준하게 성장해 온 문법 교정 도구인 Grammarly[41] 또한 AI 기술을 활용한 기업이다. Grammarly는 영어 기반으로 문법 및 철자 오류를 찾아 주는 온라인 문서 교정 도구다. 사용자는 문장이나 글을 입력하면 AI 알고리즘이 문법, 구문, 철자 등을 분석하여 오류를 식별하고 수정 제안을 제공한다. 이렇게 문장 구조, 문법 규칙, 맞춤법 등을 분석하고 틀린 부분을 찾아내는 데에는 머신러닝과 자연어 처리 기술이 사용된다. 게다가 다양한 유저 데이터를 토대로 사용자의 글이 얼마나 어려운 수준인지, 전달력은 얼마나 있는지를 수치화하여 보여 주는 시스템도 갖추고 있다.

놀라운 작곡 능력을 보여 주는 AI에는 AIVA[42]라는 서비스가 있다. AIVA(Artificial Intelligence Virtual Artist)는 음악 작곡을 위해 딥러닝과 기계 학습 기술을 사용하며, 자체 개발한 AI 알고리즘을 활용하여 다양한 장르와 분위기의 원본 음악 작품을 생성한다. 사용자가 원하는 스타일, 분위기, 길이 등의 요구사항을 입력하면, 이를 기반으로 AI가 고유한 음악 작품을 만들어 낸다. 다양한 음악적 규칙과 구조를 학습하고, 선행된 음악 데이터를 분석하여 작품을 작성하는 이 서비스의 인공 지능은 AIVA를 음악 작곡 분야에서 큰 성공을 거두게 한 장본인이다. AIVA의 음악은 영화, 게임, 광고, 온라인 콘텐츠 등 다양한 분야에서 사용되고 있으며, 현재 이 기업은 AI가 작곡한 음악의 저작권 보호와 관련된 이슈에 관한 연구와 협력을 진행하고 있다.

이렇게 AI를 고객 데이터 분석에 사용하는 사례, 실시간 상호작용 예측에 활용하는 사례, 창의적인 마케팅 콘텐츠 제작에 사용하는 사례, 그리고 AI를 활용한 콘텐츠 생성 자체를 아이덴티티로 활용하고 있는 사례들은 벌써 브랜딩 4.0의 시대가 성큼 다가왔음을 실감하게 해 준다. 그렇다면 이러한 급격한 인공 지능 기술의 발전에 따라 수요자들의 심리는 어떻게 변화하게 될까? 브랜딩은 수요자의 심리와 뗄 수 없는 관계에 놓여 있기에, 우리는 점차 현실화되고 있는 브랜딩 4.0 시대에 수요자들의 마음이 어떻게 움직이게 될지 생각해 보아야 한다. 이어지는 부분에서는 다양한 학자들의 저서와 주장을 토대로, 문헌 연구를 통한 수요자의 심리와 브랜딩의 미래에 대한 예측을 담아 보겠다.

AI를 둘러싼
브랜딩의 미래 스펙트럼

미래학자이자 역사학자인 유발 하라리 교수는 제4차 산업 혁명에 대한 흥미로운 시각을 많이 제시했다. 그중 우리는 그의 저서, 《호모데우스》에 등장하는 '데이터교(Dataism)'[64]라는 개념에 주의를 기울여 보자. 그는 인공 지능과 빅데이터의 역할과 영향에 대해 논의하며 빅데이터가 종교와도 같은 힘을 지니게 될 것으로 예측했다. 그가 주장한 데이터 교는 데이터를 현존하는 가장 중요한 엔티티로 보는 철학적인 개념이다.[65] 데이터가 인간 중심의 세계에 국한되는 대신, 데이터 그 자체가 의미 있게 행동하는 주체로 인식된다는 것이 특징이다.

유발 하라리 교수는 데이터 교가 인공 지능과 빅데이터를 통해 세상을 이해하고 변화시킬 수 있는 큰 힘을 가지고 있다고 주장한다. 또한, 데이터 교의 세상에서는 모든 사물과 사람이 데이터를 생성하고 수집함으로써 실체화될 것이라고 말한다. 그는 모든 현상과 패턴을 분석하고 예측할 수 있는 기반 자료로 데이터가 사용될 것이며, 이것을 기반으로 사람과 사물이 연결되어 더 많은 데이터를 교환하고 공유하게 될 것으로 예측한다. 이는 당연히 인간의 역할과 가치에도 큰 영향을 미치게 될 것이다. 인간은 데이터 생성과 분석의 주체가 되어 자기 행동과 의사결정을 최적화할 수 있게 될 것이나, 개인적인 자유와 개인 정보 보호에 대한 심각한 우려를 제기하게 될 것이다. 수요자들은 이러한 심각성에 두려움을 느끼며, 자신이 제공하는 정보에 대해 신뢰와 안전을 보장하는 브랜드를 선호하게 될 것임을 예상할 수 있다.

데이터 교의 세상에서 공급자들은 수요자들과의 긴밀한 상호작용, 그리고 고객 데이터의 안전한 보호 사이에서 더욱 발달한 기술(빅데이터 처리 기술, AI 보안 기술 등)을 도입하기 위해 애쓸 것이다. 앞선 사례들에서 살펴보았듯, 수많은 공급자는 이미 수요자의 니즈를 데이터화하여 분석하고 가공해서 그들의 브랜드를 구축하는 데 활용하고 있다. 데이터 교를 이끄는 선두주자가 될 이들은 수요자들의 선호도와 행동 패턴을 파악하여 제품과 서비스를 개인 맞춤화하고, 그들의 행동마저도 예측한다. 하라리 교수는 이러한 현상이 기업들뿐 아니라 정부 차원으로 확대될 수 있다는 가능성을 제시한다. 그는 저서 《21세기를 위한 21가지 제언》[66]에서도 비슷한 사례로, 데이터 중심 사회에서 어떻게 기업과 정부가 개인의 행동과 소비 패턴을 예측하고 조작할 수 있는지에 대해 이야기한다.

　이러한 아이디어를 통해 우리는 인공 지능과 빅데이터가 브랜딩과 소비 패턴에 어떤 영향을 미칠 수 있는지에 대해서도 생각해 볼 수 있다. 유발 하라리 교수와 함께 인공 지능의 미래에 대한 논의에서 자주 거론되는 에릭 슈미트(Eric Schmidt)는 비교적 긍정적인 시선에서 데이터 교를 바라본다. 그는 데이터가 현대 사회에서 가장 중요한 자산이 되었으며, 데이터 기반의 혁신과 기술 발전이 사회와 경제의 발전을 이끌어 낼 것이라고 주장한다.[67] 《빅 데이터 시대 (Big Data: A Revolution That Will Transform How We Live, Work, and Think)》의 저자 빅토르 쇤버거(Victor Schönberger)와 케네스 쿠키어(Kenneth Cukier) 또한 데이터 중심 시대에 대해 긍정적인 시각을 제시했다. 이들은 데이터의 활용과 분석이 수요자들에게 도움이 될 것임은 물론, 사회와 경제의 많은 측면을 개선하고 혁신을 이끌 수 있을 것이라고 전망한다.[68] 이처럼 데이터 중심주의가 브랜드 시장을 포함한 미래 사회 전반에 긍정적인 영향을 줄 것이라고 주장한 학자들도 있는 반면, 이에 대한 경계를 제시하는 이들도 많다.

　'실리콘 밸리의 양심'이라는 수식어를 가진 트리스탄 해리스 (Tristan Harris)는 데이터 교에 대해 경계를 제시하고, 데이터 중심 사회가 가질 수 있는 부정적인 영향에 대해 경고하는 목소리를 높인다.[43] 3년간 구글의 디자인 윤리학자로 일했던 그는 디자인과 기술이 어떻게 윤리적으로 사용되어야 하는지에 대한 다양한 의견을 제시한다. 특히 페이스북이나 유튜브 등의 기업들이 어떻게 수요자의 데이터를 수집하고 있으며, 그 과정에서 개인의 자유와 프라이버시가 위험해질 수 있는 요소는 무엇인지 또한 자세히 설명한다. 그는 수요자들의 개인적인 데이터에 대한 오용과 조작 등을 우려하며 공급자들에게 윤리적인 개인 정보 활용을 강조한다.

| 38 | 트리스탄 해리스의 TED 강의, '얼마나 나은 기술이 당신이 집중하는데 도움을 줄 수 있을까?'의 한 장면. 이 강의에서 그는 기술과 데이터가 인간의 두뇌 및 행동 패턴에 주는 악영향을 경고하며, 공급자들이 윤리적인 디자인과 기술 활용을 해야 한다고 주장한다. (Soure: https://www.ted.com, checked on 2023.)

이렇게 다양한 학자들의 의견을 참고해 보았을 때, 데이터 중심주의가 가져다줄 긍정적인 측면과 프라이버시 등 윤리적인 측면에 대한 우려 사이에서 수요자들의 행동 양상이 나뉘게 될 것을 예상해 볼 수 있다. 데이터 맞춤형 서비스를 능동적으로 받아들이는 부

류의 수요자들은 다양한 데이터를 활용하여 자신에게 맞는 맞춤형 제품, 서비스, 추천 등을 제공하는 브랜드를 선호하게 될 것이다. 하지만 데이터 수집에 대한 우려나 개인 정보 보호에 대한 불안감을 가지는 이들은 데이터 이용에 투명성이 보장되는 서비스나 제품을 선택할 것이다. 따라서 공급자들은 데이터 수집과 활용에 대한 투명성과 신뢰성을 유지하며, 개인의 개인 정보 보호와 선택권을 존중하는 방향으로 브랜드를 형성해야 할 것이다.

또한 수요자의 심리와 태도를 중심으로 보았을 때, 이러한 데이터 중심주의는 서비스를 활용하는 이들을 수동적으로 만드는 데 일조할 수도 있다. 데이터에 의존적인 서비스를 이용하는 데 익숙해진 수요자들에게는 더더욱 그렇다. 이는 데이터 기반 알고리즘에 의한 추천이나 필터링으로 인해 개인의 선택 범위가 좁아지고, 이에 의존하여 편의성을 추구하는 경향이 생기기 때문이다.[44] 예를 들어, 현재 유튜브 뮤직이나 스포티파이 등의 음악 스트리밍 서비스에서는 사용자의 청취 기록과 취향에 기반하여 음악을 추천한다. 이때 사용자는 다양한 음악을 스스로 찾아 듣는 것보다는 주로 추천된 음악을 듣거나 선택하는 데에만 주목하게 된다는 연구 결과가 있다.[69]

이런 상황에서 데이터에 의존하는데 익숙해진 수요자는 브랜드 경험에 있어서 즉각성과 속도에 대한 요구가 높아질 것이고, 마치 자신의 마음을 읽어 내는 것 같은 맞춤형 경험을 기대하게 될 것이며, 자동화된 편리한 일상을 추구하게 될 확률이 높다.[70] 에릭 슈미트는 이와 같은 내용을 자신의 저서《AI 이후의 세계》에서 언급하며, 공급자의 경쟁적인 데이터 활용 기술이 수요자들이 브랜드에 기대하는 바에 어떤 영향을 미칠지를 예상했다. 비슷한 맥락에서 AI 기술이 수요자들의 선택에 미치는 영향을 이야기한 학자들 또한, 미래 고객들이 더욱더 수동적이고 게을러질 수 있다는 가능성을 강조한다. 이들이 주장을 요약해 보면 브랜딩 4.0 시대의 수요자들은 크게 세 가지의 이유로 지금보다 더 수동적으로 변하여 '게을러질' 수 있다.

첫 번째는 인공 지능과 데이터를 이용한 서비스가 결정 피로와 선택 과부하를 감소해 줄 수 있기 때문이다. 이미 수요자들은 많은 선택을 해야 하는, 일명 '정보 홍수'의 시대에 살아가고 있다. 결정에 대한 피로와 선택 과부하에 시달리고 있는 이들은 AI 기술을 적극적으로 활용하는 브랜드들을 선호하게 될 것이다. 이들은 이미 자신의 기호와 선호도를 분석하여 맞춤형 추천을 제공해 주는 서비스를 활용하며, 일상적이고 반복적인 결정을 자동화함으로써 선택에 대한 부담을 줄일 수 있을 것이다. 배리 슈와츠(Barry Schwartz)는 저서《The Paradox of Choice: Why More Is Less》에서 이러한 주장을 제기하며, 현대 사회에서의 선택의 다양성이 결정 피로와 선택 과부하를 초래하는 요인이라고 설명한다. 그는 사소한 선택들에 대한 고민이 증가함에 따라 개인들은 불안감과 불만족을 경험할 수 있으며, 이에 대한 해결책으로 간소화되고 자동화된 결정이 해결책으로 부상할 것이라고 예견한다.[71]

두 번째는 효율성에 관련된 이유 때문인데, AI 기술이 수요자들에게 편의성과 시간 절약을 제공할 수 있기 때문이다. 이러한 편리함에 익숙해지는 고객들은 작은 선택들에 대해 고민할 필요 없이, 자신의 시간을 더 많이 절약하고 자유롭게 쓸 수 있다고 여길 것이다. 캐스 선스타인(Cass. R. Sunstein)은 《Simpler: The Future of Government》라는 책에서 효율성과 편의성을 강조하면서 정부와 기업이 간소화된 서비스와 자동화를 통해 시민들에게 더 나은 경험을 제공할 수 있다고 주장한다.[72] 개인들이 작은 선택들에 시간을 낭비하는 대신, 효율적이고 편리한 서비스를 통해 더 많은 시간을 활용할 수 있다는 접근을 제시한 것이다. 이는 다르게 생각해 보면 인간의 영역이었던 작은 일상의 선택들이 인공 지능의 영역이 될 수 있다는 점을 시사한다.

마지막 주장은 발전된 AI가 오히려 데이터 이용에 신뢰와 믿음을 줄 수 있다는 의견으로, 철저한 보안 시스템을 갖춘 인공 지능이 수요자들에게 더욱 안전한 브랜드 경험을 제공할 수 있다는 것이다. 이러한 주장을 제기하는 학자들은 미래 고객들이 자신이 제공하는 데이터의 범위를 투명하게 인식할 수만 있다면, 일일이 대응하기 귀찮고 소소한 선택을 AI에게 안심하며 맡길 수 있다고 여긴다.[73] 신뢰성의 보장은 수요자들이 인공 지능이 대신 선택해 주는 브랜드를 접할 기회를 늘리게 될 것이다. 또한, 그들이 AI의 선택을 믿으며 소비하는 예도 증가할 것이라는 예측을 가능하게 만든다. 그러나 이러한 주장에 대해서는 앞서 다룬 것처럼 다양한 이견들이 존재한다.[74] 그 모든 토론에서 공통으로 중요한 시사점은, 시간이 지날수록 데이터의 안전성이 중요해질 것이라는 사실과, 그에 따른 소비자 태도가 수동적으로 변할 수 있다는 것이다.

귀찮은 선택을 기피하는 수동성 이외에도 수요자의 심리 변화를 예측할 수 있는 또 다른 테마로는 옛 시절에 대한 그리움, 즉 '노스탤지어'가 있다. 이는 새로운 시대의 급변성을 두려워하며 과거로 회귀하려는 특성을 일컫는 것인데, 기술의 발전으로 인해 과거의 경험과 연결된 감정적인 연결고리를 느끼거나, 과거의 시대나 기술을 그리워하는 수요자의 욕구를 의미한다. 학계에서는 이러한 기술 발전과 노스탤지어에 대한 연구가 다양하게 이루어지고 있으며, 우리는 브랜딩에서도 이와 같은 개념이 활용될 가능성이 있다는 것을 상상해 볼 수 있다. 이는 브랜드 2.0 시대에서 수요자들의 감성을 자극했던 브랜딩의 특성이 되살아나는 것이라고도 표현할 수 있는데, 이러한 '문화 회귀 현상'은 이미 수요자의 감성에 대한 리트머스 시험지와도 같은 팝 인더스트리(Pop industry)에서 잘 드러나고 있다.

| 39 | 2020년대에 들어선 이래, 1980~1999년도를 그리워하며 그 시대의 아이콘이었던 여러 요소를 노래에 도입시키는 가수들이 음악 시장의 주류를 이루었다. 이러한 레트로 열풍은 지나온 시간에 대한 향수를 자극하며, 익숙한 것을 찾는 수요자들의 심리를 보여 준다. (Soure: https://youtu.be/6-v1b9waHWY, checked on 2023.)

최근 연구들에서는 이렇게 과도한 AI 기술의 발달에 대한 거부감을 느끼고, 이전 시대로 돌아가고 싶어하는 경향을 보이는 수요자들이 늘고 있다는 점을 지적한다. 니콜라스 카(Nicholas Carr)는 《The Glass Cage: Automation and Us》라는 저서에서 고도로 자동화된 기술이 우리의 생활과 작업에 어떤 영향을 미치는지를 다룬다. 그는 인공 지능과 같은 기술의 발전이 사람들에게 노동의 가치와 창의성을 빼앗을 수 있으며, 기술 의존으로 인해 기존의 경험과 깊은 연결을 상실할 수 있다고 주장한다.[75] 그는 고도화된 디지털 기술이 인간의 집중력을 감소시키고 얕은 사고를 하게끔 이끌기에, 많은 수요자가 이에 대한 반발로 과거의 기술을 지향할 것으로 생각한다.[76] 캐나다의 저널리스트이자 논픽션 작가인 데이비드 색스(David Sax) 또한 비슷한 주장을 하였는데, 그는 디지털 시대의 반동으로 인해 아날로그 제품과 경험의 중요성이 두드러지고 있는 현상에 집중했다. 일부 수요자들이 디지털 기술에 대한 지나친 의존에 반발하여 오히려 옛날의 아날로그 제품과 경험을 찾게 되는 것으로 보인다는 것이 그의 주장이다.[77]

과거에 대한 향수는 곧 미래에 대한 불안을 동반할 수 있다. 다음으로 들여다볼 수요자의 심리는 급변하는 시대에 대한 '두려움'이다. 각각 법률 분야와 철학 분야의 전문가인 브렛 프리시만(Brett Frischmann)과 에반 셀링거(Evan Selinger)는 기술에 의한 자동화가 수요자의 선택과 자율성을 침해할 수 있다고 주장하며, 그로 인해 기술에 대한 거부감을 느끼는 이들이 늘어날 것이라고 말한다.[78]

이와 함께 MIT 디지털비즈니스센터장이자 MIT 슬론 경영대학원의 교수인 에릭 브린욜프슨(Erik Brynjolfsson)과 MIT 디지털비즈니스센터 수석연구원인 앤드류 맥아피(Andrew McAfee)의 생각도 참고할만하다. 그들은 공동 저서인《The Second Machine Age: Work, Progress, and Prosperity in a Time of Brilliant Technologies》에서 디지털 기술의 발전이 미래의 일자리와 경제에 큰 파장을 일으킬 것을 예견하며, 많은 작업이 자동화되면서 일부 수요자들이 새로운 기술과 디지털 경제에 대한 불안감을 느낄 수 있다고 전한다.[79]

일자리를 잃을 것이라는 전반적인 우려와 함께, 브랜드의 고객이 되는 수요자들의 심리에는 'FOMO'라고 불리는 두려움의 단계가 자리 잡을 수 있다. FOMO는 'Fear Of Missing Out'의 줄임말로, 특히 소셜미디어를 통해 가까워진 수요자들 사이에서 중심 이슈가 되는 트렌드나 정보, 기술에서 뒤처지는 것에 대한 불안을 이야기한다.[80] 이미 이러한 FOMO 현상은 브랜딩과 마케팅의 영역에 다양한 형태로 자리 잡고 있는데, 고도로 발달된 AI 서비스와 같은 신기술이 세상에 출시될 때마다 이러한 심리가 더욱 자극될 수 있다. 미디어와 문화 연구가인 조스 핸즈(Jose Hands)는 이런 FOMO 현상뿐 아니라 사회적 미디어 시대에서의 기기 의식과 기술에 대한 공포를 연구했는데, 그는 소셜미디어와 기술의 발전으로 인해 형성되는 집단적인 사고, 의지 및 행동에 대한 리서치를 통해 이러한 사회적인 집단 심리 패턴이 브랜드와 소비자 간의 상호작용에서도 영향을 미친다는 것을 분석했다.[81]

| 40 | 고도로 발달된 기술과 그에 따라 무너져가는 사회 및 인간성을 첨예하게 다룬 영국 드라마, 〈블랙 미러(Black Mirror)〉. 이 시리즈에서는 소셜미디어, 인공 지능, 로보틱스, 사물 인터 넷 등 제4차 산업 혁명 기술로 인해 발생하게 될 공포적인 요소를 에피소드별로 설계하여 시청자들의 이목을 끌었다. (Source: https://www.netflix.com, checked on 2023.)

위와 같이 AI와 데이터 기술의 발전은 공포와 불안을 증폭시킬 수도 있지만, 시장에서 새로운 기회를 찾는 수요자들에게는 공급자로 변신할 기회를 마련할 수도 있다. 앞서 이 책에서는 브랜딩 4.0의 시대가 '공동 창조를 넘는 공유 창조'의 시대가 될 것이라고 주장하며, '공유 경제'의 개념을 소개했다. 이는 플랫폼 형태의 공급자가 가진 데이터를 비슷한 니즈를 가진 수요자들의 연결에 활용하게 될 때, 수요자들의 경제적 이익과 편의가 확대될 수 있다는 뜻이다.

같은 맥락으로 레이첼 보츠먼은 공유 경제의 특징과 그 영향에 대해 탐구한 책《What's Mine is Yours: The Rise of Collaborative Consumption》에서 공유 경제의 성장과 함께 소비자들이 브랜드와의 관계를 혁신적인 방식으로 구축할 수 있다고 주장했다.[82] 그녀는 소비자들이 공유 경제를 통해 브랜드와의 관계에서 더 많은 신뢰와 상호작용을 기대하며, 이를 통해 브랜드의 가치와 소비자의 만족도를 향상시킬 수 있다고 제안한다. 공유 경제 시스템에 큰 관심을 가지는 미국의 경제학자 제레미 리프킨 또한, 이러한 시스템의 발전이 기존의 경제 모델을 대체할 수 있을 것이라고 말한다. 그는 공유 경제를 통해 브랜딩의 주요한 모델이 제품과 서비스의 공유와 협업으로 전환될 수 있다고 생각하는데, 이러한 협력적인 브랜딩 접근은 수요자들 사이의 강한 연결과 공감을 형성하게 할 것이라고 설명했다.[83]

브랜딩 3.5 시대에 그 중요성이 특히 두드러지게 된 '지속 가능한 개발과 환경에 대한 고려' 또한 이러한 공유 경제를 향한 움직임에 힘을 보탤 전망이다. 이는 지구가 급속도로 고갈되고 있다는 사실을 우려하는 수요자들이 자신들의 소비 윤리를 점검하며 일종의 운동, 혹은 캠페인처럼 일어날 가능성도 크다. 공유 차량 서비스인 Zipcar의 창립자, 로빈 체이스(Robin Chase)는 여러 강연에서 공유 경제가 브랜딩에 큰 영향을 미칠 것이라고 이야기한다.[84] 공유와 협력은 단순히 물건의 공유뿐만이 아닌 기술의 공유, 사고와 창작의 공유에까지 이어질 수 있다. 이는 '공급자'라고 주로 정의되었던 브랜드가 점차 수요자들이 모이는 플랫폼이 되어, 수요자들끼리의 커뮤니티를 이루도록 돕는 방향으로 발전할 것을 암시한다.

이처럼 공유 경제를 활용하여 큰 플랫폼에 여러 수요자를 모이게끔 하는 브랜딩 전략이 부상할 수도 있지만, 공유된 기술을 통해 소수의 인원으로 시작하게 되는 스타트업들이나 일인 기업들도 증가할 수 있다. 앞서 '브랜딩 4.0은 이미 시작되었다'에서 언급했듯이, AI 기술은 접근성이 향상되고 비용이 저렴해진다는 특징을 가지고 있다. 이로 인해 개인 창작자들도 어렵지 않게 공급자가 되어 자동화된 프로세스 및 데이터 분석을 이용한 서비스를 시장에 선보일 수 있다. 무엇보다도 대기업들의 전유물이었던 복잡한 기술들이 작은 규모의 기업들의 손에도 닿게 되며, 소규모 기업들의 경쟁력은 더욱 강화될 것이다.

이는 AI 기술의 활용에 많은 인원이 필요하지 않기 때문인데, 작은 규모의 기업들은 AI를 사용하여 비용 효율적인 운영을 실현하고, 자동화된 작업으로 생산성의 향상을 노릴 수 있다.[85] 또한, 기술만 갖춰져 있다면, 대기업 못지않은 개인화된 제품과 서비스를 제공함으로써 고객들과 더 강한 연결을 형성할 수도 있다. 현재 클라우드 컴퓨팅과 오픈 소스 기술의 발전으로 인해 AI 기술에 대한 접근성이 더욱 증가하는 추세다. 심지어 비전문가들도 코딩이 별로 필요하지 않은 AI 시스템을 활용하여 자신의 비즈니스에 적용할 수 있는 기회를 얻고 있다.

AI 기술의 발전으로 작은 스타트업들과 1인 기업들이 경쟁력을 갖추고 혁신적인 서비스를 개발할 수 있게 될 것이라고 주장하는 이들은 이전에 언급한 에릭 브린욜프슨을 포함하여 다수가 있다. 실리콘밸리가 주목하는 혁신기업가로 15개가 넘는 하이테크 기업을 설립한 피터 디아만디스(Peter H. Diamandis)는 신기술의 발전으로 인해 작은 기업들이 세계적인 영향력을 가질 수 있게 될 것이며, 인공 지능의 발전은 그들이 성장할 풍부한 가능성을 제공한다고 주장했다.[86] 공유 경제의 시대가 올 것임을 예견한 제레미 리프킨 또한 그의 저서에서 협력과 공유 경제의 발전은 결국 작은 기업이나 일인 기업들의 부흥으로 이어질 수 있으며, 이는 경제 구조를 변화시킬 수 있다고 언급했다.[87]

이처럼 다양한 학자들의 주장을 통해, 우리는 AI 기술의 활용에 따라 우리 사회와 브랜딩의 미래가 어떻게 펼쳐질 것이며, 그와 관련된 수요자들의 심리는 어떻게 변하게 될지에 관한 내용을 간략하게 살펴보았다. 이 책에서는 수많은 가능성 중 인공 지능에 익숙해진 수요자들의 소비가 더욱 수동적으로 변할 수도 있고, 데이터 사용의 불신 문제가 대두될 가능성이 크며, 이에 두려움을 가지거나 시대에 대한 노스탤지어를 느낄 수도 있을 것이라고 정리했다. 그리고 시스템적으로는 공유 경제에 발맞춘 브랜딩의 부상과 함께 이를 활용한 작은 기업이나 일인 기업들의 시대가 도래할 수 있음을 예상해 보았다. 그렇다면 이제, 스토리텔링의 방법을 통해 이러한 미래 스펙트럼이 어떻게 우리의 삶에 생생히 펼쳐질 수 있을지를 시나리오로 구성(Storify) 해 보도록 하겠다.

STORIFY

미리 보는 심리, 브랜딩 타임머신

-

스펙트럼 시나리오

앞서 정리한 IDEATE 단계에서 얻은 인사이트를 토
대로, 필자는 총 네 가지의 브랜딩 미래 시나리오를 구상해 보았다.
그것은 각각 '선택의 홍수 속, 귀찮음을 활용한 브랜딩', '급변하는
시대의 두려움을 활용한 브랜딩', '인본주의적 노스탤지어를 활용
한 브랜딩', '데이터 기반 공유 경제를 활용한 브랜딩'이다. 마지막
시나리오에서는 오픈 서비스를 활용한 개인 기업의 등장도 잠깐
살펴보기로 한다.

각 시나리오의 사실성을 더하기 위해 페르소나(Personal)를 구축
하듯이 AI 서비스를 통해 가상의 인물을 설정했으며, 예상 시나리
오에 사용한 인물의 이미지는 모두 runway의 Gen-1으로 디자인
했다. 또한 AI 브랜딩 툴인 'Brandcrowd'를 활용하여 가상의 기업
이름과 로고도 제작했다. 우리는 미국 캘리포니아주에 살고 있는
에밀리라는 한 소녀와 그녀의 주변 인물들의 이야기를 통해 이 네
가지 시나리오를 살펴보기로 한다.

| 41 | 시나리오에 사용한 무료 AI 브랜드 네임 제너레이터, 'Brandcrowd'와 Gen-1의 'Text-
to-image' 서비스. 원하는 키워드의 정확한 프롬프트 값을 입력하면 수 초 내에 수요자가
원하는 로고, 디자인 등의 맞춤형 결과를 도출한다. (Source: https://research.runwayml.
com/gen1, https://www.brandcrowd.com/, checked on 2023.)

수동성: AI가 사소한 선택을 대신해 준다면

| 42 | (좌): 가상 인물 에밀리 월터스의 이미지, (우): 그녀가 사용하는 가상 음악 앱 'Tune Mind' (Source: Seohoo Lee, 2023.)

시간적 배경 | 2030년 7월

공간적 배경 | 미국 캘리포니아 주 로스앤젤레스

수요자 정보 | 15세 학생 에밀리 월터스(Emily Walters)

수요자 특징 | 모든 게 귀찮은 10대 시절을 보내고 있다. 취미는 음악 감상과 친구들 선물 사기. 가끔 Venice Beach에 가서 친구들과 시간 을 보낸다. 아침부터 온종일 스마트폰을 내려놓지 않는다.

15살 에밀리 월터스가 살고 있는 LA는 미국 엔터테인먼트 산업의 중심지이자, 다양한 문화적 영향을 받는 도시다. 에밀리는 이곳에서 10대 시절을 보내며 음악에 관한 관심을 키우는 중이다. 학과 공부에는 별로 뜻이 없기에, 글쓰기와 그림 스케치 등 숙제를 도와주는 인공 지능 기술을 활용하여 과제를 대충 마무리할 때도 있다. 그녀는 남는 시간에 주로 온라인 쇼핑몰을 들여다보며 친구들과 다양한 플랫폼들에서 수다를 떤다.

햇살이 내리쬐는 7월의 어느 아침, 에밀리는 아침에 일어나자마자 이미 구형이 된 버전이지만 익숙하기에 쓰고 있는 2027년형 애플 스마트폰을 손에 들고, 'Tune Mind'라는 음악 스트리밍 앱을 실행한다. 'Tune Mind'는 이름 그대로 마음에 맞는 음악을 자동으로 추천해 주는 것을 주된 기능으로 하며, 에밀리가 사용하는 다른 앱들에도 액세스하여 그녀의 일상이 더욱 편리해지도록 도와준다. 특히 깔끔한 다크 그린 배경에 핵심적인 정보만 등장하는 간소화된 인터페이스가 그녀의 취향에 잘 맞는다. 이러한 디자인을 좋아하는 것은 비단 에밀리뿐이 아니다. 또래 친구들 사이에서 '편한 삶'의 아이콘처럼 여겨지는 'Tune Mind'의 디자인은 티셔츠나 모자로 만든 굿즈로까지 판매되고 있을 정도로 인기가 많다. 이렇게 핫한 애플리케이션이 추천해 주는 음악과 함께 하루를 시작하며, 에밀리는 대충 아침을 먹고 학교에 갈 준비를 한다.

2019년에 팬데믹이 휩쓸고 지나간 이후 수업은 보통 대면으로 진행되나, 점점 가상 현실에서 학교 행사가 대체되는 경우가 늘고 있다. 그렇지만 오늘은 평일이기에 학교로 가는 버스를 탄 에밀리는 스마트폰을 통해 음악을 듣고, 인터넷을 통해 최신 음악 트렌드와 가수들의 소식을 접한다. 그리고 'Tune Mind'의 요금제를 공유하며 사용하는 친구에게 마음에 드는 좋은 음악을 공유하기도 한다. 'Tune Mind'는 'Serendipity'라는 시스템을 통해 마음에 꼭 드는 음악을 발견해서 하트를 누르는 사용자들에게 보너스 포인트를 지급한다. 이러한 포인트로 에밀리는 자신의 음악 취향을 데이터화해서 분석한 자료를 볼 수도 있고, AI가 생성한 자신만의 특별한 음악 콜라주와 플레이리스트도 제공받을 수 있다. 이러한 프로세스가 복잡하게 느껴지지 않도록 'Tune Mind'의 인터페이스는 놀라울 정도로 간소화된 정보를 보여 준다.

에밀리가 'Tune Mind'를 자주 이용하는 이유는 간단하다. 깔끔하고 보기 편한 디자인과 함께, 그녀가 기존에 이용한 다른 앱들 보다도 훨씬 다양한 음악을 입맛에 맞게 제공해 주기 때문이다. 스마트폰을 쓰기 시작할 때부터 이미 알고리즘이 제공하는 추천 시스템에 익숙해진 그녀는 검색을 통해 새로운 가수를 찾는 것에 불편함을 느낀다. 'Tune Mind'는 처음 시작할 때 몇 가지의 설문에만 답하면, 바로 좋은 음악들을 끊임없이 들려준다. 또한, 간혹 마음에 들지 않는 곡이나 가수가 있을 때 '다시 보지 않기'를 클릭하여 개인 맞춤형 DJ인 뮤지니(MuGENIE)를 학습시킬 수 있다.

인공 지능이라는 것을 알지만, 에밀리는 'Tune Mind'의 AI DJ 인 '뮤지니(MuGENIE)'를 썩 좋아한다. 뮤지니는 에밀리의 실시간 상황을 파악하여 오늘 아침에도 이런 메시지와 함께 추천 플레이리스트를 제공해 준다. "안녕, 엠! 오늘은 아침부터 햇살이 엄청나구나! 특별히 너를 위해서 도미닉 파이크와 루엘의 곡들을 준비해 봤어. 들으면서 하루를 시작해 볼까?" 에밀리가 뮤지니를 쾌활한 성격의 자기 또래로 설정했기 때문에 이렇게 친근한 메시지를 받을 수 있는 것이다. 같은 앱을 사용하는 그녀의 친구 벤지는 '차분한 스타일의 라디오 진행자'로 그의 맞춤형 DJ를 설정했기 때문에 전혀 다른 메시지를 받았을 확률이 높다.

점심시간이 되자 에밀리는 'Tune Mind'를 켜 둔 채로 온라인 쇼핑을 시작한다. 며칠 있으면 벤지의 생일이라는 알람이 떴기 때문이다. 따로 기억하고 있지 않아도, 그녀가 이용하는 여러 소셜미디어 플랫폼은 앞다투어 벤지의 생일을 미리 알려 준다. 이건 비밀이지만, 에밀리는 또래 남자아이인 벤지가 무슨 물건을 좋아할지에 대한 고민이 전혀 없다. 'Tune Mind'와 연결된 쇼핑 앱이 그녀의 고민을 대신 해결해 주기 때문이다. 에밀리는 이미 벤지와 함께 공동 요금을 내며 공유하고 있는 'Tune Mind'를 통해 그가 좋아하고 있는 가수가 누구인지 알고 있다. 그녀는 마치 친구에게 문자를 보내듯, 뮤지니에게 다음과 같은 문자를 남긴다. "이봐, 이번 생일에 벤지가 좋아할 만한 선물이 뭘까?"

그러자 뮤지니는 단 1분도 되지 않아서 다음과 같이 대답한다. "벤지가 너와 공유한 플레이리스트를 살펴봤을 때, 그 친구는 2000년대 락을 좋아하는 것 같아. 완전히 복고 스타일이네. 그 애가 좋다고 표시한 그린데이나 린킨파크, 혹은 뮤즈의 굿즈를 사주는 건 어때?" 에밀리는 피식 웃으면서 이렇게 답장을 보낸다. "좋아하는 것도 참 자기랑 닮았네. 그래. 네가 알아서 아무거나 골라 줘. 결제는 내가 요금제에 넣어 놓은 돈에서 하고." 잠시 후, 뮤지니는 연동된 인터넷 쇼핑몰에서 린킨파크의 근사한 리미티드 에디션 티셔츠를 찾아서 보여 준다. 에밀리가 승인 버튼을 누르자, 결제가 손쉽게 진행된다.

에밀리는 남는 시간 동안 이런저런 웹 서핑을 하며 최신 패션 아이템과 액세서리를 탐색한다. 쇼핑몰들의 스타일 추천 알고리즘은 그녀의 선호도와 스타일에 기반하여 맞춤 상품을 제시해 주는데, 대부분 실제로 옷을 입어 보지 않고도 가상으로 입어 볼 수 있는 AR(증강현실) 기술이 도입되어 있기에 실시간으로 옷의 핏과 스타일을 확인할 수 있다. 그렇지만 그녀는 그것을 구매하지는 않는다. 마음에 드는 옷을 사려는 순간, 스마트폰에 설정해 놓은 결제 차단 기능이 작동했기 때문이다. 아까 벤지의 선물을 샀기 때문에 그녀가 사용할 수 있는 용돈이 줄어든 것이다. 에밀리는 몇 달 전 엄마에게 핸드폰 결제 금액 때문에 혼이 난 이후로 이런 차단 기능을 설정해 놓았다. 용돈을 일일이 써넣는 것도 귀찮은 일이기에, 그녀는 나름 이 기능에 만족하고 있다.

오후가 되자 에밀리는 친구들과 함께 석양이 지는 캘리포니아 해변으로 놀러 간다. 친구들 대부분은 서로가 공유하는 'Tune Mind'의 플레이리스트를 틀어 놓고 느긋한 시간을 보내는데, 벤지는 그 와중에도 무언가를 열심히 보고 있다. 에밀리는 그런 벤지에게 묻는다. "뭘 그렇게 열심히 보는 거야?" 벤지는 자신의 초경량 태블릿 화면을 보여 주며 말한다. "무섭지 않아? 오늘 아침 뉴스인데, 전 세계 대학 교수들의 절반이 AI로 대체됐대. 나는 원래 꿈이 교수였거든. 이제 난 어떡하지?" 에밀리는 별로 대수롭지 않다는 듯 고개를 돌리며 선글라스를 올려 쓴다. "몰라. 그런 거 생각하기 귀찮아. 어차피 우리 대부분은 학교를 졸업하면 LA 주에서 제공하는 공유 일자리로 먹고살 텐데, 뭘. 정부가 우리 생활 기록부를 보고 맞는 일자리를 알아서 추천해 준다잖아. 그냥 지금은 음악이나 들을래."

그녀가 들고 있는 스마트폰의 'Tune Mind' 앱 화면에서는 다음과 같은 문구가 적혀 있다.

"고민하지 마세요. Easy Music, Easy Life, Tune Mind."

116

시나리오 TIP |

우리는 에밀리의 일상과 활동을 들여다보며 일상에서의 선택에 깊이 관여하는 AI의 시나리오를 상상해 보았다. 이 시나리오에는 현실과 가상 세계의 융합, 개인화된 서비스 및 인공 지능 기술의 활용은 물론, 음악 등 관심 분야에 대해서마저 수동적인 모습을 취할 수 있는 수요자의 태도가 드러나 있다.

이 시나리오에서 인공 지능 알고리즘은 그러한 태도를 강화하는 역할을 하는 동시에, 수요자에게 큰 편의를 제공한다. 또한, 'Tune Mind'라는 가상의 앱과 그것이 제공하는 각종 서비스, 그리고 친구의 생일 선물 선택이라는 설정을 통해 인공 지능 기술과 온라인 서비스의 활용이 매일의 생활에 어떻게 통합될 수 있을지를 가정해 보았다. 이어서는 에밀리의 친구인 벤지의 이야기를 통해, 급변하는 시대에서 두려움을 느낄 수요자의 시나리오를 살펴보자.

두려움: 급변하는 시대의 기술,
나만 모른다면

Auto Learn
Lead your future

| **43** | (좌): 가상 인물 벤자민 리우의 이미지, (우): 그가 사용하는 학습 앱 'Auto Learn'.
(Source: Seohoo Lee, 2023.)

시간적 배경 | 2030년 7월
공간적 배경 | 미국 캘리포니아 주 로스앤젤레스
수요자 정보 | 17세 학생 벤자민 리우(Benjamin Liu)
수요자 특징 | 근처 대학에서 물리학을 가르치는 교수인 아버지를 두고 있
다. 중국계 미국인으로, 나중에 아버지처럼 교수가 되는 것이
꿈이다. 미래에 대한 막연한 두려움을 가지고 있다.

에밀리 월터스와 같이 학교에 다니는 친구인 17살 벤자민(벤지) 리우는 매사에 열심히 임하는 학생이다. 그의 아버지는 UCLA의 물리학 교수로, 그가 가장 존경하는 사람이다. 부모님이 맞벌이를 하시는 관계로 벤지는 이른 아침부터 혼자 간단한 식사를 마치고 학교 갈 준비를 한다. 그래도 인공 지능 비서인 '세실리아'가 전하는 아침 브리핑 덕분에 집안은 적막하지 않다. 세실리아는 오늘 비가 올 예정이니 우산을 챙겨가라고 말하며, 맞춤형 광고를 잊지 않는다. 벤지의 가족은 무료 버전의 세실리아를 사용하고 있기 때문에 이따금씩 나오는 광고를 들어야만 한다. 그래도 세실리아는 광고를 지루하게 틀지 않고 마치 사람처럼 이렇게 묻는다.

"벤자민, 그거 아세요? 앞으로 5년이 더 지나면, 전 세계의 인구 중 30% 이상이 직장을 잃게 될 거래요. 하지만 다행히 당신에게는 제가 있죠! 제가 당신의 미래를 위해 준비한 이야기를 들어 볼래요?" 벤지는 시큰둥한 얼굴로 세실리아가 자신을 위해 준비한 맞춤형 광고를 듣는다. 그런데 세실리아가 제공하는 광고에 그만 그의 귀가 번쩍 뜨인다.

"벤자민, 당신이 원하는 교수의 꿈은 아무래도 더더욱 이루기가 힘들어질 것 같아요. 지금 교수로 일하시는 아버지 리우 씨도 앞으로 얼마나 더 그 자리를 지킬 수 있을지 모르겠네요. 오늘의 쇼킹한 뉴스로, 전 세계 대학 교수들의 절반이 AI로 대체됐다는 기사들이 이렇게나 많이 나왔어요. 그중 몇 개는 당신의 태블릿으로 보냈으니 확인해 보세요. 하지만 제가 있는 한, 당신의 미래는 걱정할 필요가 없어요. 차별화된 미래 인재, 나아가 훌륭한 교수가 되고자 하는 당신을 위해 딱 알맞은 추천 애플리케이션을 소개해 드릴 테니까요."

벤지가 학교 버스를 타기 위해 걸어가는 와중에, 세실리아와 연동된 그의 핸드폰에는 실시간으로 한 애플리케이션의 광고가 뜬다. 이는 'Auto Learn'이라는 AI 기반의 학습 플랫폼으로, 사용자가 원하는 시간대에 관심사에 맞는 공부를 할 수 있도록 돕는 서비스다. 벤지는 버스 안에서도 세실리아를 통해 'Auto Learn'에 대한 정보를 계속 받아 본다. 그는 소규모 스타트업으로 시작해서 엄청난 기업 가치를 이룬 'Auto Learn'의 CEO, Lisa Kim의 인터뷰를 시청한다. 영상에서 Lisa Kim은 빠르게 변하는 시대에 적응하기 위해서는 효율적인 학습이 중요하며, 그렇게 폭넓은 사고 능력을 갖추게 된 인재만이 살아남게 될 것이라는 강력한 메시지를 던진다.

그때, 그가 사용하고 있는 다른 앱인 'Tune Mind'에서 알림이 뜬다. 버스 앞자리에 앉아 있는 에밀리가 추천 음악을 보낸 것이다. 벤지는 나중에 확인해야겠다고 생각하며 알림을 지운다. 그런데 그때, 세실리아가 이러한 메시지를 보낸다. '벤자민, 학교에 가고 있는 중이니까 문자로 오늘 아침의 마지막 정보를 제공해 드릴게요. 당신의 스마트폰에 있는 많은 앱들이 집중을 방해하는 것 같군요. 'Auto Learn'은 이런 부분까지도 매니지먼트해 줄 수 있는 놀라운 애플리케이션이랍니다. 무료 버전 학습을 시작해 보시겠

어요?' 이에 벤지는 무료 버전으로 사용 중인 세실리아처럼, 'Auto Learn' 또한 사용해 보기로 한다.

학교 수업이 끝나고 점심시간이 되었을 때 벤지는 'Auto Learn' 에게 제공한 권한에 따라 스마트폰의 인터페이스가 바뀌어 있는 것을 확인한다. 인공 지능 비서 세실리아와의 컬래버레이션 버전 으로 개발된 'Auto Learn'은 세실리아의 권한 일부 또한 양도받아 서, 벤지가 필수적으로 사용해야 하는 몇 가지 앱들을 제외한 모든 것들이 사라진 새로운 시작 화면을 보여 준다. 벤지가 'Auto Learn 시작하기'를 누르자, 스스로를 '인공 지능 가정 교사'라고 칭하는 AI 코치인 닥터 G(Dr. G)가 등장한다. 박사모를 쓴 아바타인 닥터 G 는 이미 세실리아를 통해 습득한 벤지의 정보와 관심 분야에 맞는 학습 방법을 제시한다.

그 날부터 벤지는 물리학과 로보틱스, 머신러닝과 AI 툴 빌딩에 대한 다양한 학습을 시작한다. 그는 자신이 속해 있는 '지속 가능한 환경을 위한 개발자들의 모임'이라는 동아리에서 'Auto Learn'의 강사들에게 배운 지식을 소개하기도 하며, 또래 학생들보다 더욱 열심히 사는 듯한 자기 모습에 뿌듯함을 느낀다. 어느 저녁에는 가 족들이 모처럼 모여 식사를 하고 있는데 세실리아가 그에게 이런 메시지를 전달한다. "벤자민, 벌써 'Auto Learn'의 무료 체험이 3일 밖에 남지 않았다네요. 지금 당신이 듣고 있는 온라인 물리학 수업 과 머신러닝 베이직에 대한 이수증도 받지 못하고, 닥터 G가 당신을 위해 스케줄한 다른 과목들도 들을 수 없게 될 거예요."

벤지는 전 세계의 유수한 강사들이 모여 있는 'Auto Learn'의 월 정액이 만만치 않은 가격이라는 것을 알고 있기에 섣불리 요금제를 선택하지 못한다. 그런데 'Auto Learn'의 닥터 G가 모래 시계 아이콘을 제시하며 이런 문구를 보낸다. "시작만 하고 끝을 내지 않는 사람은 미래를 선도할 수 없습니다. 'Auto Learn'과 함께 당신의 미래를 리드하세요. 벤지, 3일 후면 우리의 만남이 종료되겠군요. 정말 당신이 꿈꾸는 미래의 모습을 놓아 버릴 건가요?"

결국 벤지는 부모님을 설득해서 'Auto Learn'의 수업을 계속하기로 한다. 그는 다양한 맞춤형 퀴즈를 풀고, 그에 맞는 온라인 경품을 받아서 다른 학습에 쓰기도 하며 자기 경쟁력을 강화하려는 노력을 계속한다. 그는 'Auto Learn'에서 만난, 자신과 관심사가 비슷한 사람들과 함께 기술과 지속 가능성을 결합하여 환경 문제에 대한 창의적인 해결책을 모색하는 프로젝트도 진행한다. 닥터 G는 이를 그의 포트폴리오에 사용할 수 있도록 프로젝트 아젠다를 디자인해 준다. 이런 식으로 학교 수업, 과제, 그리고 'Auto Learn'에서 진행하는 갖은 활동들을 병행하는 탓에 벤지는 어느덧 자신이 지쳐가는 것을 느낀다. 하지만 그럴 때마다 닥터 G는 그를 격려하며, '하루도 빠짐없이 자기 계발에 임하는 것이 성공의 비결'임을 암시해 준다.

그러던 어느 날, 벤지는 누군가 초인종을 누르는 것을 듣고 현관으로 향한다. 문을 여니 어떤 익숙한 사람이 어머니가 배달시킨 몇 가지 안 되는 식료품과 함께 작은 소포를 전달해 준다. 그녀는 같은 동네에 사는 할머니, 제니 윌킨스 씨다. 그녀는 노인들을 위해 일자리를 제공하는 기업인 '실버 라인'에서 동네 택배 기사로 일하고 있다. 윌킨스 씨는 활짝 웃으며 벤지에게 소포를 건넨다. "여기 소포에 적힌 것을 보니 생일인가 보구나! 축하한다, 벤지. 건너편에 사는 네 친구 에밀리가 보냈단다."

벤지는 기쁜 마음으로 소포를 열어 보고, 에밀리가 자신이 가장 좋아하는 밴드 중 하나인 린킨 파크의 리미티드 굿즈를 보냈음을 발견한다. 그는 기분이 좋아져서 잠시 'Tune Mind'를 켜고 린킨 파크의 노래를 듣는다. 오랜만에 앱을 실행하자, 그가 설정해 놓은 'Tune Mind'의 맞춤형 DJ, 뮤지니가 환영 인사를 건넨다. 그런데 한 곡이 다 지나기도 전에 'Auto Learn'의 닥터 G에게서 이런 메시지가 울린다. '이제 다시 공부 모드로 전향해야 합니다, 벤지. 15분 후면 지속 가능한 엔지니어링 프로젝트 온라인 모임이 시작될 것입니다.' 벤지는 자신도 모르게 한숨을 내쉬며 스마트폰의 화면을 바라본다.

벤지의 스마트폰 화면을 컨트롤 하는 'Auto Learn'에는 이런 문구가 적혀 있다.

"당신의 경쟁력을 책임지는 Auto Learn. 미래를 리드하세요."

우리는 벤지의 시나리오를 통해 향후 5년 동안 전 세계의 인구 중 30% 이상이 직장을 잃게 될 수 있으며, 대부분의 대학 교수들이 AI로 대체될 것이라는 가정을 한 시대적 변화에 집중해 보았다.

인공 지능 비서인 세실리아와 컬래버레이션을 이룬 가상의 AI 학습 플랫폼 'Auto Learn'은 수요자에게 미래에 대한 두려움을 자극하는 브랜딩과 마케팅 방식을 보여 준다. 또한 이를 이용하여 '지속 가능한 발전을 위한 엔지니어링'으로 포트폴리오를 쌓으려는 벤지의 모습을 통해, 향후 인공 지능과 학습 플랫폼이 미래 교육과 일자리에 미치는 영향을 생각해 볼 수 있다. 이어서 벤지에게 소포를 배달해 준 할머니, 윌킨스 씨를 통해 '노스탤지어'를 활용하는 브랜딩에 대한 시나리오를 예상해 보자.

노스탤지어: 그때 그 시절의
감성으로 돌아간다면

| **44** | (좌): 가상 인물 보니 윌킨슨, (우): 그녀가 취직한 노인용 배달 및 커뮤니티 앱, 'Silver Line'. (Source: seohoo Lee, 2023.)

시간적 배경 | 2030년 7월
공간적 배경 | 미국 캘리포니아 주 로스앤젤레스
수요자/공급자 정보 | 68세 보니 윌킨슨(Bonnie Wilkinson)
수요자/공급자 특징 | 2년 전 남편을 여의고 혼자 살고 있는 노인이다. 친절하고 활발한 성격으로, 이웃들과 좋은 관계를 유지하며 최근 집 근처에 입점한 'Silver line'에 신입 직원으로 취직했다.

행년 68세의 보니 윌킨슨 씨는 2년 전에 남편과 사별하고 현재 혼자 살고 있다. 그녀는 거의 평생을 가정주부로 살며, 돈을 벌기 위해 일해 본 경험이 별로 없다. 남편이 먼저 세상을 떠나고 혼자가 된 후, 윌킨슨 씨는 캘리포니아 해변 근처의 작은 집에서 살며 이따금 홀로그램 미팅을 통해 자녀들과 손주의 모습을 보며 나날을 보낸다. 그러던 중 본인의 삶에 활력을 되찾아야겠다고 느낀 어느 아침, 그녀는 본인에게 익숙한 옛날 방식대로 우체통에 꽂혀 있는 한 전단지를 보게 된다. 그것은 '실버 라인(Silver Line)'이라는 배송 업체가 곧 근처에서 서비스를 시작할 계획이며, 이에 참여할 65세 이상의 사람들을 모집한다는 광고다.

'Silver Line'이 제공한 전단지에는 다음과 같은 내용이 적혀 있다. "당신의 이웃, 실버 라인이 삶에 웃음을 드립니다. 용돈도 벌고, 운동도 하며, 사람들과 정겨운 인사를 나눌 수 있는 실버 라인. 건강한 황혼기를 위한 선택입니다." 전단지는 윌킨슨 씨 또래의 노인들이 거주하는 집에만 꽂혀 있는데, 이는 'Silver Line'이 이미 입점하기 전에 자체 개발한 AI 시스템을 통해 거주민의 데이터와 GPS 등을 분석하여 자신들의 활동 영역에 대한 이해를 마쳤기 때문이다. 윌킨슨 씨는 재생 용지를 활용해서 어딘가 투박하지만 따뜻한 느낌이 드는 전단지가 썩 마음에 들었는지, 그것을 집에 가지고 들어간다.

그날 점심 즈음 윌킨슨 씨는 산책할 겸 전단지에 쓰여 있는 주소로 찾아간다. 'Silver Line'의 사무실은 윌킨스 씨의 어린 시절에 있었던 아이스크림 가게를 연상하는 인테리어로, 단정하면서도 따뜻한 느낌을 주도록 꾸며져 있다. 카운터에 있는 친절한 젊은이들은 스마트 기기 사용에 아직 불편함을 겪고 있는 윌킨슨 씨를 위해 일대일로 상담을 진행해 준다. 그곳에는 윌킨슨 씨와 안면이 있는 또래 할머니들이 여럿 있는데, 모두들 일하기로 한 후 예쁜 청 앞치마를 선물로 받았다. 앞치마에는 "지구를 살리고 있어요." 등 귀여운 문구가 적혀 있는데 그것이 'Silver Line'의 유니폼이자, 입사 기념 선물이라고 한다.

윌킨슨 씨는 'Silver Line'에 대한 많은 정보를 알게 된다. 이곳이 단거리 배달이 가능한 노인들을 고용하는 서비스라는 것과 그렇기에 자전거를 타거나 걸어서만 배달을 하는 서비스라는 것이다. 한 가지 놀라운 점은 그녀가 이곳에서 일할 시 거리에 따라 다르게 계산되는 배달 건수마다 돈을 받는 대신, 회비의 개념으로 매달 5달러씩을 지급해야 한다는 사실이다. 그 이유를 묻자, 그녀는 곧 'Silver Line'이 단순한 배달 서비스가 아니라는 것을 이해한다.

'Silver Line' 커뮤니티에 속한 노인들은 이곳과 제휴된 각종 업체 들에게서 다양한 혜택을 받을 수 있고, 해변가의 아름다운 카페를 연상시키는 'Silver Line' 라운지를 저렴한 가격으로 이용할 수 있는 등 많은 이익을 누릴 수 있기 때문이다. 즉, 'Silver Line'은 노인들을 위해 아르바이트 개념의 직장을 제공하는 동시에, 그들을 위한 지역 커뮤니티 서비스 또한 제공하는 방법으로 직원들을 수요자이자 공급자로 만들고 있었다.

월킨슨 할머니는 흔쾌히 'Silver Line'의 커뮤니티에 가입하기로 한다. "좋군요. 돈을 내며 일하니까 이 나이 먹도록 누군가의 눈치를 보며 일할 필요도 없고. 또, 내가 원하는 곳으로 갈 수 있으니 더 좋아요. 일하면서 환경에 보탬이 된다는 것도 맘에 들고요. 그런데 배달비는 어떻게 받고 다니나요?" 월킨슨 씨의 질문에 친절한 안내원이 이렇게 대답한다. "그건 걱정 마세요. 배송비는 착불로 진행되고요. 저희가 개발한 AI 서비스가 배송지의 고객이 연동해 놓은 계좌에서 자동으로 월킨슨 씨의 계좌로 이체를 도와드릴 거예요. 여기, 저희 애플리케이션을 사용하는 방법을 알려드릴게요."

이후로 월킨슨 씨는 'Silver Line'e의 직원이 되어, 푸른 청 앞치마를 두르고 반가운 이웃들을 만날 겸 배송 일을 시작한다. 일상적인 배송 업무를 마치고 나면 'Silver Line' 라운지에 잠깐 들려서 다른 커뮤니티 원들과 함께 오늘 있었던 이야기를 나누기도 한다. 그녀는 라운지에서 시원한 음료를 마시며, 동료 노인으로부터 이사를 온 지 얼마 안 된 것 같다는 젊은 CEO, 이젤라 버킷 씨의 이야기를 듣는다. "우리가 있는 이 라운지도 그 사람이 만든 공유 장소 플랫폼하고 제휴를 맺은 거라잖아요. 하여튼, 배달을 가면서 직접 보니까 젊은 사람이 대단하더라고요."

수다를 떨다 보니 'Silver Line'의 앱에서 월킨슨 할머니에게 실시간 배달 요청들에 대한 알림이 뜬다. 윌킨슨 씨는 이러한 알림을 잘 활용하는 편이다. AI 시스템이 제공하는 알림은 그녀에게 최적화된 배달 장소를 고를 수 있도록 도와주기 때문이다. 윌킨슨 씨는 특히 조금 멀리 떨어진 지역에 사는, 자신보다 훨씬 나이가 많은 노인들을 방문하려고 노력한다. 식료품이나 간단한 물건을 배송하며 그들의 건강 상태를 확인할 수도 있고, 지역에서 소외되는 사람들에게 반가운 인사를 한 번이라도 더 건넬 수 있기 때문이다. 물론, 근처에 사는 에밀리나 벤지 같은 아이들에게 인사를 건넬 겸 그들을 위한 배달을 하기도 한다.

어느 날, 윌킨슨 씨는 우수 직원이자 커뮤니티 고객으로 'Silver Line'의 오리지널 광고 모델로 발탁되었다는 소식을 듣게 된다. 그녀는 행복하게 인터뷰를 진행하며 이 서비스가 '날이 갈수록 로봇으로 대체되고 있는 배달 서비스에서 다시 사람의 향기를 느낄 수 있는 기회'라고 설명한다. 그리고 'Silver Line'이 자신과 같은 노인들이 주체적으로 일하며 건강도 지키게 도와주고, 이웃들과의 관계도 유지할 수 있는 훌륭하고 윤리적인 기업이라고 소개한다.

이후 자신이 나온 광고를 확인하게 된 윌킨슨 씨는 뿌듯한 마음으로 그것을 친구들과 자신의 자녀, 손주에게 모두 공유한다. 이는 'Silver Line'이 위치한 전 지역에 닿게 될 새로운 전단지에도 실리게 된다. 광고에는 환하게 웃는 윌킨스 씨를 배경으로 이러한 문구가 적혀 있다.

"지구를 생각하고, 우리를 생각하는 Silver Line. 당신의 이웃입니다."

시나리오 TIP |

우리는 윌킨슨 씨의 시나리오를 통해 노인들을 위한, 노인들에 의한 서비스인 'Silver Line'의 이야기를 상상해 보았다. 이 이야기에서는 AI 시스템을 활용한 기업이 인본주의에 대한 노스탤지어를 활용한 브랜딩으로 이미지 메이킹을 하는 과정을 살펴볼 수 있으며, 수요자가 곧 공급자가 될 수도 있다는 가능성 또한 생각해 볼 수 있다.

노인 문제와 환경 보호, 지역 커뮤니티 연결 등의 문제를 담고 있는 이 시나리오는 기업의 사회적 영향력이 브랜딩에 큰 영향을 줄 수 있음을 시사한다. 다음 시나리오는 윌킨슨 씨의 실버 라인 커뮤니티와 제휴를 맺은 공유 장소 플랫폼의 CEO, 이젤라 버킷 씨의 이야기다.

공유 경제: 비용도 아끼고, 세상도 좋게 만든다면

| **45** | (좌) 가상 인물 이젤라 버킷의 이미지, (우) 그가 창업한 공유 경제 앱 'Flooria'. (Source: Seohoo Lee, 2023.)

시간적 배경	2030년 7월
공간적 배경	미국 캘리포니아 주 로스앤젤레스
공급자 정보	37세 창업자 이젤라 버킷(Izela Bukit)
공급자 특징	스위스 ETH에서 데이터 분석을 공부하고, MIT Lab에서 연구원 생활을 했다. 대학생 시절에 작게 창업을 시도했지만 실패했고, 현재는 그 경험을 바탕으로 동기들과 함께 장소 공유 플랫폼인 'Flooria'를 설립했다. 몇 년간 과로한 탓에 건강이 좋지 않아져서 뉴욕에 있던 집을 정리하고 캘리포니아의 해변 도시로 이주했다.

통유리 창으로 7월의 아침 햇살이 환하게 비쳐 들며 바다의 풍경이 시원하게 보이는 아침. 목 디스크 수술을 받은 지 얼마 되지 않은 이젤라는 이사를 어느 정도 마친 집을 둘러본다. 이곳은 그가 세운 공유 장소 플랫폼인 'Flooria'에 속한 건물이다. 처음에는 Airbnb 같은 개념으로 시작한 'Flooria'는 점차 개인이 보유한 공간에서 기업이 보유한 공간까지 연결하는 기업으로 성장했다. 수요자의 니즈에 따라 주 단위, 월 단위, 연 단위의 계약도 가능한데, 특히 투명하고 신뢰성 강한 예약 및 결제 시스템이 그가 만든 플랫폼의 장점이다.

이젤라는 학부 시절 창업 실패의 쓴맛을 보고, 사업이 기술적인 부분만으로 이루어지는 것이 아니라는 것을 깨달았다. 이에 자신의 전공이었던 AI를 활용한 데이터 보안 기술로 고객의 개인 정보를 처리하는 것은 물론, 예약 실행 전 고객에 대한 잠재 위험도 분석 및, '선한 영향력 시스템'을 도입하여 플랫폼의 차별성을 만들었다. 그가 공유 플랫폼의 이름을 'Flooria'라고 지은 이유도 공간을 뜻하는 플로어(Floor)를 강조하기 위한 것도 있었지만, 꽃처럼 아름다운 사람들이 머무는 공간이라는 테마를 가지고 플라워(Flower)와 발음이 비슷하게 만든 것이다.

이는 수요자들이 느끼는 브랜드 이미지에 'Flooria는 좋은 사람들이 머무는 곳'이라는 메시지를 공고히 하기 위함이었으며, 그는 플랫폼 내에 사용자들이 공간에 머물며 실천한 선한 영향력을 데이터화하여 점수로 나타내는 시스템을 도입했다. 이는 사용자들

스스로 행동에 주의하게 되는 효과를 내었고, 사용자들 사이의 신뢰도 또한 높이는 역할을 하게 되었다. AI 기술을 활용한 공유 플랫폼이 우후죽순으로 생기던 시기에 이젤라의 'Flooria'는 이러한 경쟁력을 토대로 시장에서 살아남을 수 있었다. 그리고 안정성을 최우선으로 한 고객 데이터 처리 기술과 인증 시스템을 도입하여 미국 내에서 가장 신뢰할 수 있고, 사회적 가치를 실천하는 장소 공유 브랜드라는 이미지를 가지게 되었다.

하지만 사업이 잘 진행되는 것과는 반대로 이젤라의 건강은 악화되었다. 그는 항상 야근에 시달렸으며 단 한 순간도 회사 일 이외에는 다른 것을 생각할 기회가 없었다. 그는 목 디스크 수술을 받은 지금에서야 자신의 삶을 돌아보며, 일과 여가의 균형을 찾아야겠다고 생각하고 있다. 이에 그는 자기처럼 워커 홀릭인 사람들을 위한 반강제적인 휴식 공간을 공유 시스템으로 마련할 계획을 세우고 있다. 하지만 이것 또한 사업으로 확장되면 결국 일이 될 것이라는 생각이 그를 딜레마에 빠지게 만든다.

그럼에도 이젤라가 이처럼 동분서주한 덕에, 'Flooria'는 다양한 파트너십을 구축할 수 있었다. 그는 '공유는 공정하다(Share is Fair)'라는 모토를 내세우며 각 사회의 분야에서 긍정적인 영향을 주고 있는 기업들과 제휴를 맺었다. 그중 하나가 캘리포니아에 지사를 설립한 'Silver Line'이다. 환경을 생각하는 지속 가능한 서비스에 노인 인구를 활용하는 아이디어를 가진 'Silver Line'은, 사실 그가

MIT 연구원이던 시절 지인 중 한 명이었던 제스퍼 얀센이 초기 창업자로 있던 곳이다.

이젤라는 이런저런 생각 끝에 제스퍼에게 연락을 취해 보기로 한다. 그의 인공 지능 비서는 빠르게 제스퍼와 연결을 시켜주지만, 아쉽게도 제스퍼의 인공 비서가 대신 대답하는 소리가 들린다. "버킷 씨, 오랜만에 연락을 주셨네요. 그런데 어쩌죠? 제스퍼 씨가 지금 중요한 미팅 중이랍니다. 혹시 메모를 남겨 놓기를 바라시나요?" 이젤라는 아쉽지만 이렇게 대답한다. "별로 중요한 사항은 아니에요. 그냥 제가 캘리포니아로 이사를 왔으니, 언제 한번 LA에서 보자고 얘기 좀 전해 줘요. 장소는 내가 제공한다고."

그는 스마트폰을 내려놓고 멍하니 유리창을 통해 하늘을 바라본다. 하지만 머릿속으로는 끊임없이 생각 중이다. 이번 해 하반기부터 시작되는 글로벌 시장 진출 프로젝트에 관련된 내용이다. 그의 비전은 각 나라의 정부가 가지고 있는 공간들을 활용하여 공정 거래가 이루어지는 공유 무역 센터들을 디자인하는 데에 있다. 그는 자체 개발한 데이터 분석 시스템을 통해, 민간 소유의 장소들보다 국가 공공 기관이 비효율적으로 활용되고 있음을 알게 되었다. 이젤라는 이러한 공간들을 선하게 활용하며 그 효율성을 높이는 모델을 제시하고, 자연스럽게 자신의 기업을 해외로 진출시킬 목표를 가지고 있다.

그는 장소에서부터 시작한 공유 경제 플랫폼을 점차 인맥 인프

라를 넓히는 가상 현실 소셜 플랫폼으로 성장시키는 비즈니스 또한 구상하고 있으며, 이를 제스퍼 얀센과 함께 진행하면 좋을 것 같다고 생각 중이다. 그는 우선 'Silver Line'의 성장을 지켜보면서 제스퍼에게 협업을 제안하기 위한 준비를 단계적으로 진행 중이다. 제스퍼는 지역 커뮤니티를 중심으로 사업을 성장시키는 노하우를 잘 알고 있는 인물이므로, 두 기업의 컬래버레이션이 큰 시너지를 낼 것이라는 게 이젤라의 생각이다.

그때, 그의 인공 지능 비서가 제스퍼의 인공 지능 비서에게서 연락이 왔다는 것을 알려 준다. "안타깝게도 제스퍼 씨의 연락이 늦어지고 있네요. 하필이면 오늘 가장 바쁜 스케줄을 가지고 있는 제스퍼 씨는 바로 다음 미팅으로 이동 중이랍니다. 내일 아침 여덟 시쯤 통화하자는 말을 전해달라고 하셨어요. 괜찮으시다면 이젤라 씨의 인공 지능 비서를 통해 캘린더에 저장해 드릴까요?"

이젤라는 그렇게 하라고 하며, 내심 인공 지능 비서의 기능이 수년간 얼마나 발달했는지가 놀랍다고 생각한다. 전 세계적으로 사용되고 있는 이 서비스는 AI 오픈 소스를 통해 만들어졌는데, 대한민국에 베이스를 둔 한 개발자가 이것을 토대로 일인 창업에 큰 성공을 거두었다고 한다. 그는 전화 통화를 하기에 껄끄러운 부분들, 간단한 메시지를 전화 통화로 전하기 어려운 상황일 때 해결해야 할 부분들을 AI 비서가 대신해 주는 서비스를 만들어 냈던 것인데, 그 수요는 생각보다 많았다.

'그 사람은 나와는 다르게 공간이 필요 없는 서비스를 만들어 냈군. 다른 사람과는 나눌 수 없는 완전한 맞춤형 AI 모델을 제시했고 말이야. 그래도 나는 미래가 공유에 있다고 생각해. 이제 곧 있으면 각 나라의 정부가 모든 국민의 데이터를 가지고 활용하며, 공유 경제를 국가 차원에서 발전시킬 확률이 높으니까. 글쎄, 어떤 시각에서 보면 이게 기존의 자본주의와 민주주의에 새로운 획을 긋는 시작점일지도 모르지.'

이젤라의 생각은 예전에 그가 봤던 영화에까지 닿는다.

'몇 년 전에 재미있게 봤던 영화 〈네이션 오브 데이터〉가 생각나는군. 공유 경제를 활성화하여 데이터망을 손에 넣은 초거대 경찰 국가들이, 개인 정보 보호의 명목으로 국민의 정보를 가지고 모든 것을 좌지우지하는 디스토피아적인 세계관이 인상적이었지. 그 영화에서처럼 공유 경제 시스템 속에서 개개인이 근근이 생활할 만큼의 비슷한 경제 수준을 가지고, 소소한 일에 대한 투표권을 제외하고는 국가에서 수집한 빅데이터에 의한 결정을 따르고, 다른 이보다 뛰어나거나 많이 가지고 싶어 하는 건 죄악이라 교육받는 시대가 정말 올까? 그 영화 속 주인공이 마지막에 그랬지. "여기는 천국의 탈을 쓴 지옥이야! 우리는 모두가 함께 모든 걸 소유한다는 착각 속에서 길들여지며, 결국 데이터를 마음대로 주무르는 저놈들 손에 놀아난 거라고." 정말 명대사였어.'

이젤라가 바라보는 'Flooria'의 로고 아래 새겨진 슬로건이 빛난다.

"공유하는 것은 공정한 것이다."

시나리오 TIP |

우리는 이젤라의 예상 시나리오를 통해 공유 경제가 어떻게 성장할 수 있으며, 그 것이 개인과 기업을 넘어 국가의 차원에서 활용될 수 있다는 가능성도 생각해 볼 수 있다. 또한 공유 경제에서 중요한 개념인 '공정함'과 거래의 '투명성'이 공급자의 브랜드에 큰 영향을 미칠 것이라는 사실을 예상해 보았다.

이젤라가 설립한 플랫폼 'Flooria'는 공간 공유의 개념을 뛰어넘어 사람들의 네트워크를 만드는 서비스로 성장할 것이라는 암시를 하며, 다양한 리소스의 공유가 네트워킹의 새로운 패러다임을 구축할 수 있다는 점을 시사한다. 덧붙여, 일인 창업자가 온라인에 공유된 오픈 리소스를 활용하여 개인 창업을 할 수 있다는 내용 또한 살펴볼 수 있다.

　　다음 챕터인 'SHARE'에서는 필자가 이 책의 독자와 공유하고자 하는 미래 브랜딩의 핵심 가치가 담겨 있다. 우선, 위에 소개한 네 가지의 예상 시나리오들에서 얻을 수 있는 인사이트와 성공 요인을 '오리지널리티'의 관점에서 분석할 것이다. 그리고 이를 실제로 확인 수 있는 현실 사례들도 함께 탐구해 본 다음, 챕터의 마지막 부분에서는 예비 수요자 인터뷰 형식으로 진행된 실험을 통해 위 시나리오들에 대해 제시된 의견 또한 함께 나누어 보겠다.

SHARE

SHARE
▼

전략 없는 모방은 망조의 어머니

-

오리지널리티

대체 불가능한
'그 무엇'의 요소

'튠 마인드(Tune Mind)', '오토 런(Auto Run)', '실버 라인 (Silver Line)', 그리고 '플로리아(Flooria)'의 예상 시나리오에는 각기 다른 방식으로 성공을 이룬 브랜드의 사례가 담겨 있다. 이들의 공통된 성공 요인을 한가지 꼽아보자면, 수요자의 심리를 파악하는 인문학적 관점과 AI 신기술을 융합한 '오리지널리티(Originality)'를 생각해볼 수 있다. 브랜드 경험에서의 독창성과 경쟁력을 만드는 오리지널리티는 다양한 관점에서 분석할 수 있으나, 필자는 그것을 앞서 살펴본 시나리오들의 구성에 사용한 네 가지 기준인 브랜드 스토리텔링, 사회적 가치, 디자인 아이덴티티, 그리고 문화적 요소의 활용으로 나누고자 한다. 그렇다면 각 시나리오가 소개된 순서를 따라, 해당 브랜드에 중점적으로 드러난 부분과 다른 요소들의 연관 관계를 살펴보자.

● 튠 마인드 (Tune Mind) - 디자인 아이덴티티

브랜드가 제공하는 서비스 전반에 통일된 디자인 매커니즘과 아이덴티티가 돋보이는 것은 에밀리 월터스가 사용하는 '튠 마인드'다. 이들의 UI는 반드시 필요한 미니멀한 정보만을 제공하며, 나머지 수요자들의 세세한 요구는 맞춤형 DJ이자 어시스턴트인 '뮤지니'가 담당한다. 이는 '정보 처리와 선택에 소비되는 수요자들의 에너지 최소화'를 목표로 하는 튠 마인드 오리지널리티의 핵심 요소를 구성한다.

피로도와 귀찮음에서 해방되고자 하는 수요자들은 걱정 없이 편하게 흘러가는 삶을 추구하는 문화에 익숙한 이들이다. 10대 소녀인 에밀리는 이러한 라이프스타일을 대표하는 인물로, 튠 마인드는 그녀의 일상에서 일어나는 사소한 소비까지 대신 진행해 줄 정도로 가깝고 편한 존재다. "고민하지 마세요. Easy Music, Easy Life, Tune Mind."라는 슬로건은 이러한 편리함의 가치와 음악/예술 소비 플랫폼의 특성이 조합되었음을 보여 준다. 더 나아가, 이들의 디자인 아이덴티티는 같은 문화를 향유하는 수요자들 사이에서 좋은 음악과 함께하는 심플한 삶의 상징으로 스토리텔링 되어 다양한 굿즈의 형태로 판매된다. 이처럼 시각적, 문화적, 예술적인 요소를 통해 '라이프스타일'화 된 튠 마인드의 브랜드는 진화된 AI 알고리즘의 도움으로 에밀리와 같은 수요자의 일상의 세세한 부분에까지 영향을 미친다.

● 오토 런 (Auto Learn) - 사회적 가치

앞서 IDENTIFY 부분에서 살펴보았듯, 브랜딩 4.0 시대를 대표하는 사회적인 가치로는 환경을 위한 지속 가능성이 있다. 하지만 그것 이외의 다른 가치를 내세워 오리지널리티를 확보하는 기업들도 있다. 그 예시로 등장한 것이 벤자민 리우가 등장하는 시나리오의 '오토 런'이다. 이들은 AI 기술 시대에 부상하는 인재상을 내세워 수요자들에게 미래를 리드하도록 장려하며, 수요자들이 사회에서의 도태에 대한 두려움을 느끼도록 자극한다. 오토 런은 젊은 나이에 성공하여 열정 넘치는 스마트한 여성 경영인을 그들의 브랜드 스토리텔링에 활용한다.

그들의 디자인 아이덴티티는 '오토 런의 일상화를 위한 인터페이스 장악'이라는 강력한 UX에 있다. 수요자가 사용하는 전자기기의 화면까지 재편성하는 권리를 취득한 오토 런의 디자인은 수요자가 최적화된 학습 서비스에 집중할 수 있는 환경을 만들어 주는 것을 목표로 한다. 이들은 사회적 성공과 인정의 가치를 중요시하는 문화를 가진 집단을 주요 고객으로 삼는다. 그렇기에 근면하고 경쟁 우위에 서기 위한 노력을 미덕으로 삼는 가치를 믿는 고객인 벤자민은 닥터 G의 끈질긴 설득에 자신의 미래를 위한 투자를 멈추지 못한다.

● 실버 라인 (Silver Line) - 브랜드 스토리텔링

　단순한 기업과 브랜드의 차이를 만드는 것은 수요자가 그 공급자에 대해 '어떤 이야기를 믿는가'다. 전략적인 스토리텔링은 브랜드가 수요자들과 감정적 유대를 형성하는 초석을 마련해 준다. 특히, 인문학적인 가치와 사람들의 삶에 대한 진정성 있는 이야기는 이러한 전략 구성에 필수적인 요소로 작용한다. 보니 윌킨슨 씨가 수요자이자 공급자로 등장한 '실버 라인'은 이러한 브랜드 스토리텔링을 적극적으로 활용한 사례다. 이들은 인본주의적인 감성을 불러일으켜 이웃 간 소통이 활발했던 시절에 대한 향수를 자극하는 한편, 노인과 공동체, 환경적 지속 가능성에 초점을 둔 이야기 전달로 브랜드 아이덴티티를 구축한다.

　이러한 사회적 가치에 기반한 실버 라인의 브랜드 스토리는 친근한 인테리어와 재생 용지를 사용한 리플렛 등의 디자인 아이덴티티에도 반영된다. 또한, 실버 라인은 지점을 설립할 때 우선적으로 빅데이터를 통해 노인 인구가 많고 치안이 안전한 지역을 선정하여, 그곳의 문화적 특성을 고려한 비즈니스 모델을 구축한다. 이것은 실버 라인의 성공적인 오리지널리티를 형성하는데 중요한 부분 중 하나다.

● 플로리아 (Flooria) - 문화적 요소의 활용

지역적 문화의 특성을 파악하여 경쟁력을 갖춘 실버 라인과는 조금 다르게, 시대에 따라 사회 전반에 형성되는 문화의 흐름을 활용하여 오리지널리티를 구축하는 브랜드도 있다. 장소 공유 플랫폼 플로리아는 공유 경제와 그에 따른 문화를 기반으로 성장한 기업으로, 누구나 수요자와 공급자가 될 수 있는 사회에서 요구되는 신뢰와 선한 영향력을 통해 스토리텔링을 이끈 브랜드다. 플로리아의 창업자인 이젤라는 실버 라인과 같은 인본주의적 가치를 표방하는 브랜드와 컬래버레이션을 통해 공유 문화를 선도하고, 이러한 문화가 통용되는 다른 나라들로의 진출도 꿈꾸고 있다.

플로리아는 인적 네트워크의 형성, 공정한 거래, 데이터 활용의 투명성 등 브랜딩 4.0 시대에 중요한 문화적, 사회적 가치 요소를 적절히 활용하여 수요자들에게 신뢰를 얻는 브랜드의 예시다. 이 시나리오에서 함께 언급된 1인 기업의 'AI 통화 비서 서비스' 또한, 플로리아와는 전혀 다른 특성을 가진 비즈니스로 구분됨에도 불구하고 특정 지역을 넘는 문화(전화 통화)에서 수요자의 니즈를 찾아 성공을 이루었다는 점에서 공통점을 찾을 수 있다.

이처럼 시나리오에서 등장한 네 가지 브랜드를 분석해 보았을 때 인문학적인 요소들이 어떤 형식으로 오리지널리티 형성에 큰 영향을 주는지를 볼 수 있다. 진정성 있는 브랜드 스토리텔링은 수요자가 공감할 수 있는 사회적인 가치와 시대의 흐름에 맞는 문화적인 요소를 만났을 때 가장 큰 효과를 낼 수 있다. 또한, 이러한 무형의 가치는 시각적 언어인 디자인 아이덴티티를 통해 전달되어야만 브랜드의 오리지널리티로서 수요자들에게 인식될 수 있다. 그렇다면 현재 시장에서는 과연 어떤 브랜드들이 이러한 특성을 활용하여 성공을 이루었을까? 다음 부분에서는 오리지널리티의 원천에 대해 더 심도 있게 탐구해 보고, 그 실제 성공 사례들을 알아보자.

AI와 인문학의
돈 되는 결혼

  오리지널리티의 매커니즘은 생각보다 단순히 표현될 수 있다. 우선 '눈에 띄는 나만의 독창성'이 있어야 하고, 그것이 '어떤 방식으로든 긍정적인 반응을 불러일으킬 수 있다면' 시장 가치를 인정받게 되는 것이다. 많은 디자이너와 인문학자들은 이러한 오리지널리티에 대한 연구를 진행했고 그것이 기업을 넘어 개인의 사회적 성패를 가르는 요소임을 거듭 강조했다. 이 책에서는 그중 몇 가지의 저서를 소개하며 중요 아이디어를 공유해 보겠다.

  미국의 경영가이자 리더십 전문가인 프란스 요한슨(Frans Johansson)은《The Medici Effect》[88]에서 다양한 분야의 아이디어 조합이 혁신을 이끈다고 설명한다. 이 책은 다양성과 창의력이 어떻게 상호작용 하여 혁신을 이끄는지를 인문학적인 관점에서 탐구하며, 오리지널리티를 만드는 두 가지 개념으로 다양성과 상호연결성을 강조한다. 이는 다양한 배경과 관점을 가진 사람들이 모여 협력하는 환경에서 개인의 독창성을 형성할 수 있음은 물론, 그러한 특별함을 볼 수 있는 안목까지도 형성할 수 있음을 의미한다.

독창적인 접근 이후에는 창의적인 문제 해결력이 뒷받침되어야 실제 비즈니스와 서비스, 혹은 예술 산업으로의 확장성을 갖출 수 있다. 독창성이 '대체 불가능한 나만의 무엇'이라는 고유성을 의미한다면, 창의력은 기존에 존재하는 아이디어를 새롭고 유용한 방식으로 조합하고 변형하는 능력을 뜻한다. 그렇기에 다양한 분야의 협업은 다각도적인 접근을 통한 창의적인 해결책을 찾는 데 도움이 될 것이다.

이러한 창의력과 독창성이 결합한 기업이 탄생한다면, 비로소 그것은 브랜드의 '오리지널리티'를 이루는 브랜딩 스토리텔링, 사회적 가치, 디자인 철학, 문화적 요소의 활용 등에 접목될 수 있다. 이처럼 다양한 배경과 관점에서 새로운 조합을 도출하는 것은 혁신적인 브랜드나 스타 디자이너(혹은 아티스트)를 탄생시키는 오리지널리티의 원천이 된다. 창조적인 상호작용이 강조되는 브랜딩 4.0 시기에 이러한 시각이 더욱 필요해지고 있는 이유다.

프란스 요한슨이 다양한 학문 분야와 전문성에 초점을 맞추어 오리지널리티를 설명했다면, CNN의 경영진이자 TIME지의 에디터였던 월터 아이작슨(Walter Isaacson)은 저서 《The Innovators: How a Group of Hackers, Geniuses, and Geeks Created the Digital Revolution》[89]에서 혁신적인 아이디어와 발명을 만들어낸 인물들의 이야기에 주목한다. 이 책은 컴퓨터와 디지털 혁명의 기원부터 현대에 이르기까지의 역사를 탐구하며, 이러한 혁신들을 이끈 개인들과 그들의 창의력, 사고방식이 어떻게 오리지널리티로 이어졌는가를 다룬다. 이 책은 디지털 혁명 속에서 혁신의 주역들이 그들의 아이디어를 어떻게 사회적 가치와 연관 지어 지속 가능한 영향을 창출하고자 했는지, 그리고 어떤 디자인 철학으로 사용자의 만족도와 경험 증진에 최선을 다했는지를 분석한다. 또한, 인문학적 관점에서 이렇게 뛰어난 오리지널리티를 소유했던 이들의 활용한 문화적 배경이 독창적인 아이디어를 내는 데 어떠한 영향을 미쳤는지를 보여 준다.

이 책을 통해 얻을 수 있는 통찰 중 하나는, 오리지널리티를 이루는 요소에 기술적인 특이성뿐 아니라 사회적이고 인문 철학적인 가치가 고려되어야 한다는 점이다. 이를 비유적으로 표현해 보자면 '혁신적인 기술과 인문학적인 요소의 결혼이 이루어졌을 때, 시장에서 인정받는 브랜드가 탄생한다'고 할 수 있다. 대부분의 행복한 결혼이 그렇듯, 이 둘의 조화로운 결합이 이루어지기 위해서는 전제 조건이 존재한다. 기술을 활용할 수 있는 능력 이외에도 앞서 언급한 '안목을 키우는 것'과 나아가, '디자이너, 아티스트, 혹은 경영인으로서 접하는 다채로운 문화, 환경적 경험'에서 창조적인 아이디어의 기회를 찾는 능력이 필수적이다.

| 47 | 터키 출신의 미디어 아티스트인 Refik Anadol은 데이터 시각화와 인공 지능을 활용하여 작품을 창조하는 데 주력한다. 어린 시절 본 영화 〈블레이드 러너〉에서 깊은 문화적 인상을 받은 그는 독창적인 시각으로 영화적 미학을 해석하여 대규모 프로젝션 매핑, 디지털 인터랙션, AI 기술을 접목한 작품을 구현한다. 문화와 기술적 특이성이 가미된 새로운 장르를 개척한 것이 그의 오리지널리티다. (Source: https://refikanadol.com/works/infinity-room-nature-dreams/, checked on 2023.)

이와 더불어 오리지널리티를 이야기할 때 빼놓을 수 없는 것이 조직심리학 전문가, 애덤 그랜드(Adam Grant)의 저서 《오리지널스(Originals: How Non-Conformists Move the World)》다. 이름에서부터 오리지널리티를 강조한다는 것을 알 수 있는 이 책은 비즈니스와 사회에서 성공한 비주류들의 이야기를 통해 몰입과 사색의 힘, 그리고 혁신의 역할을 탐구한다. 저자는 독창성을 토대로 성공한 비즈니스 리더들의 이야기를 다루면서, 이들이 개성 있는 아이디어로 자신만의 스토리텔링을 형성했다는 것을 강조한다. 전통적인 방식에 대한 모방 대신 창의적인 전략에 몰두한 이들은 사회적 가치에 대한 책임과 이에 대한 해결에 대한 열정으로 세상의 변화를 이끌었다.

이 책에 등장하는 많은 성공 사례들에서는 디자인 철학과 혁신, 그리고 문화적 관계에 대해서도 살펴볼 수 있다. 성공하는 브랜드의 디자인은 제품, 서비스, 경험을 개발하는 데에 있어 사용자들의 니즈 깊숙이 자리한 심리를 파악하는 것에 관심을 기울인다. 이는 문화와 사회적 특성과는 뗄 수 없는 관계에 놓여 있고, 혁신은 이러한 문화를 파악하고 기존 사업 구조나 규범의 한계에 도전하면서 시작된다.

| 48 | 네덜란드 출신의 패션 디자이너 Iris Van Herpen은 디지털 프린팅, 3D 모델링, AI 패턴 등을 활용하여 패션계에서 일각을 이루고 있다. 그녀는 패션의 오래된 문화적 규범에 도전하고, 자신만의 스타일을 예술과 디자인으로 승화한다. 디자이너의 개성과 디자인 철학이 생명인 패션 시장에서 그녀는 여성과 환경 등에 대한 사회적 가치를 기술과 접목하여 오리지널리티를 구축한다. (Source: https://www.irisvanherpen.com/collections/earthrise, checked on 2023.)

마지막으로 소개할 책은 디자이너의 오랜 전공 서적이자 필수 입문서,《The Design of Everyday Things》[90]이다. UX의 아버지라고도 불리는 책의 저자 도널드 노먼(Don Norman)은 제품 디자인과 사용자 경험에 대한 인문학적인 관점을 이야기한다. 이 책에서는 사용자 중심적인 설계의 중요성은 물론, 디자인이 브랜드의 개성과 스토리텔링을 전달하는 역할을 한다는 것 또한 확인할 수 있다. 저자는 단순히 외관만이 아니라, 사용자의 문제 해결과 편의를 제공함으로써 사회적 가치를 창출할 수 있어야 한다는 디자인 철학을 전한다.

각 문화는 고유한 가치와 기호를 가지며, 디자인은 이러한 문화적 배경과 사용자들의 기대에 부응해야 한다. 이에 대한 이해는 높은 행동 유도성, 혹은 어포던스(Affordance)를 지닌 디자인으로 드러난다. 더 나아가 브랜드 4.0 시대에는 산업과 서비스, 그리고 디자인의 영역이 넓어짐에 따라 정확한 행동 유도성으로 수요자의 일상에 다가가는 기업들이 생존할 것을 예상할 수 있다. 이렇게 제품 디자인뿐 아니라 사용자 경험 전반에 대해 다양한 인문학적인 시각을 제시하는 도널드 노먼의 책은, 앞으로도 디자인을 전공하는 많은 학생과 비즈니스 전문가들에게 오리지널리티의 역할과 그 중요성에 대한 인사이트를 제공할 것이다.

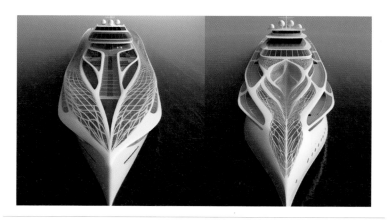

| 49 | 영국의 산업디자이너 Ross Lovegrove는 기존 디자인과 AI를 융합하여 혁신적인 제품을 개발하며 오리지널리티를 인정받았다. 기술과 예술, 자연과 인간의 상호작용에 대한 깊은 관심을 가진 그의 디자인 작품들은 높은 기능성과 혁신적인 형태로 유명하다. 인간과 자연 사이의 상호작용과 지속 가능성을 중요시하는 그의 디자인 철학이 돋보인다. (Source: https://www.rosslovegrove.com/, checked on 2023.)

오리지널리티를 갖추어 시장에서의 성공을 이룬 아티스트들과 디자이너들은 그들의 이름이 곧 브랜드화되는 특성을 가진다. 스타트업과 다수의 인원이 모이는 기업은 이와는 또 다른 매커니즘을 가졌지만, 독창적인 '각인'의 전략으로 성공을 이루었다는 것에서는 공통점을 가진다. 이 책에서는 서로 다른 세 가지 분야에서 눈여겨볼 만한 성과를 낸 기업의 사례를 살펴보고, 다양하게 분석할 수 있는 그들의 오리지널리티의 핵심을 파악해 보기로 한다.

첫 번째 주자인 '젠틀몬스터'는 2011년에 설립되어 지금까지 큰 인기를 누리고 있는 대한민국의 아이웨어 브랜드다. 선글라스와 안경을 판매하며 전례 없는 성공을 누린 이들은 '오리지널리티' 그 자체를 표방하는 브랜드이며, 이미 해외에서도 명품 패션 브랜드의 반열에 올랐다. 제품 디자인과 마케팅 전략에 대한 근본적인 혁신을 추구하는 이 브랜드는 선글라스와 안경테를 보통의 물건이 아니라 예술 작품으로 취급한다.

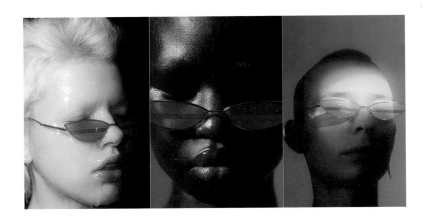

| 50 | 스탠리 큐브릭 감독의 영화 〈Eyes Wide Shut〉에서 영감을 받은 선글라스, '레드 와이드 오 픈' 컬렉션. 미래지향적이며 '이상한 아름다움'이라는 테마를 가진 젠틀몬스터의 디자인 아 이덴티티가 확실히 드러난다. 보편적인 캠페인 방식을 탈피하고 영상과 음악 등 다양한 요 소를 활용하여 강력한 비주얼 메시지를 각인하는 것이 이들의 오리지널리티다. (Source: https://www.gentlemonster.com/kr/, checked on 2023.)

이들의 특징은 브랜드 스토리, 디자인 아이덴티티, 사회적 가치, 문화적 요소의 모든 부분에서 독자적인 스타일을 갖추는 것에 성공 했다는 것이다. 아트와 기술, 패션이 조합된 미래지향적인 분위기 를 아이웨어에 부여하는 것이 이들의 특징이다. 그리고 이러한 시도 는 제품 디자인이나 온라인 시장에서만 머물지 않는다. 다양한 오프 라인 공간에서 진행되는 AI 예술 퍼포먼스와 설치 미술 등은 일반 적인 팝업 스토어가 아니라 젠틀몬스터만의 독특한 경험을 제공하 는 공간으로, 수요자들에게 항상 호기심을 가지고 이들의 행보를 기대하게 만드는 역할을 한다. 국내외에서 유명한 아티스트들과의 협업을 통해 더욱 독창적이고 트렌디한 아이웨어를 선보이며 마케 팅은 그러한 관심에 불을 지피는 역할을 한다. '세상을 놀라게 하

라'는 이들의 브랜드 철학은 이러한 오리지널리티를 잘 반영한다.

한편, 젠틀몬스터보다는 조금 덜 충격적인 요법을 쓰지만, 부드럽고 친근하게 수요자들에게 다가가는 것으로 오리지널리티를 확보한 브랜드가 있다. 바로 미국에 베이스를 둔 코스메틱 브랜드 '글로시에(Glossier)'다. 이들은 유명 가수의 앨범을 기다리는 소녀들처럼 신제품을 기다리게 만드는 팬덤을 만든 것으로 알려져 있다. 그 배경에는 'Into the Gloss'라는 파워 블로그를 운영했던 창업자 에밀리 와이즈(Emily Wise)의 경험과 비전에 대한 브랜드 스토리텔링이 자리한다. 여성들에게 친근한 핑크와 베이지를 기본으로 한 디자인 아이덴티티는 편안함과 환경에 대한 가치를 생각한 패키지 디자인 등으로 수요자의 호감을 이끈다.

| 51 | 미국 10대들의 아이콘으로 부상한 가수 Olivia Rodrigo를 기업 창립 이래 첫 셀러브리티 모델로 삼은 글로시에. 아직도 그들의 로고가 새겨진 옷과 모자 등을 구매하는 팬걸(fangirl)들이 많다. SNS와 온라인을 중심의 '입소문'으로 성공하여 창립 5년 만에 유니콘 기업으로 성장했던 그들의 브랜드 신화는 앞으로 어떻게 이어질까? (Source: https://www.glossier.com/, checked on 2023.)

글로시에의 가장 큰 강점은 AI 챗봇을 활용하여 거의 실시간적으로 뷰티 제품에 대한 사용자들의 경험과 소비자들의 욕구를 파악한다는 점이다. 수요자와 강한 감정적인 유대를 형성하며, 이들의 니즈를 받아들여 더욱 포용적인 뷰티의 정의를 제시하는 것이 이 브랜드가 지닌 오리지널리티의 핵심이다. 패키지 디자인에서부터 마케팅 이미지들에 걸쳐 드러나는 간결하고 현대적인 미학은 글로시에의 아이덴티티가 기본에 충실한 화장품이라는 것을 상기시킨다. 또한, 이들은 미국의 다양한 뷰티 문화와 트렌드를 수용하고 소비자들의 다양한 아름다움을 인정하는 포지션을 잃지 않으려 노력한다. 그렇기에 현실적인 사람들을 모델로 채용하고 다양한 인종, 성별, 나이, 신체적 특성 등을 존중하는 의도를 강조하는 마케팅 전략이 특징적이다.

2020년 팬데믹 기간에 타격을 받은 많은 화장품 브랜드들처럼, 이들 또한 한 차례의 몸살을 겪었다. 또한 2022년에는 직원들의 내부 고발 등의 이슈로 친환경적이고 윤리적인 경영을 강조했던 브랜드의 이미지에 손상을 입기도 했으나, 현재 새로운 CEO가 제도를 개편하며 다시 도약할 준비를 하고 있다. '밀레니얼 세대의 에스티 로더'로 불리던 그들은 브랜딩 3.5 시대가 요구하는 브랜드 오리지널리티를 갖춘 기업이었다. 다가올 미래에는 어떤 생존 전략을 선택하는지에 따라 이들의 운명이 달라질 것으로 보인다.

실시간적인 소통보다 수요자들에게 사회적 가치에 참여하도록 유도하여 오리지널리티를 구축한 기업에는 식물성 대체 육류를 생산하는 '비욘드 미트(Beyond Meat)'가 있다. 기존의 육류 산업과는 다른 접근 방식으로 동물 복지와 환경을 고려한 제품을 제공하는 것이 이들의 미션이며, 그렇기에 브랜드 스토리에는 고전적인 육류 산업에 대한 도전과 혁신이 담겨 있다. 또한, 이들은 인공 지능과 첨단 기술을 통해 동물 복지와 환경을 위한 대안을 제시하고자 한다. 비욘드 미트의 디자인은 모던하고 심플하며, '육류 산업'의 굵직하면서도 볼드한 아이덴티티를 놓치지 않는다. 제품 포장과 브랜드 로고는 식물성 제품임을 강조하는 한편, 육류와 비슷한 이미지와 질감을 시각적으로 나타낸다. 이러한 디자인은 기존의 육류 제품과의 시각적 유사성을 통해 소비자들에게 쉽게 접근할 수 있도록 도와주면서도, 식물 기반 제품의 현대적인 면모를 강조한다.

| 52 | '비욘드 버거'라는 식물성 패티의 제품 이미지. '육류 코너에서 만나보세요'라는 문구에서 볼 수 있듯이, 비욘드 미트는 단순히 식물성 대체 식품이 아니라 '맛있는 고기의 새로운 게임 체인저'가 되는 것을 목표로 삼는다. 현재 소시지, 치킨 너겟, 간 쇠고기 등 다양한 제품을 수요자의 입맛에 맞게 내놓고 있다. (Source: https://www.beyondmeat.com/en-US/products/, checked on 2023.)

'동물의 고통 없이도 맛있는 고기를 즐길 수 있다'는 모토를 통해, 이들은 육류 소비의 문제점을 개선하면서도 수요자의 니즈를 충족하는 사회적 가치를 실현한다. 글로벌 기업으로 성장한 비욘드 미트는 다양한 문화와 식문화를 존중하는 방향으로 제품과 마케팅을 개발하고 있다. 또한, 비건이나 채식주의자를 위한 식품 문화에 맞춘 제품 또한 제공하는 등 다양성과 포용성을 강조하는 문화적 가치를 보여 준다. 비욘드 미트는 이러한 오리지널리티를 활용하여 새로운 기술과 혁신적인 접근 방식으로 육류 대체 제품의 시장에서 선두주자가 되었다. 이는 동물의 권리와 행복 추구권에 대한 관심이 높아지고 있는 현재 시대의 사회적, 문화적 가치를 기술과 접목시킨 좋은 사례라고 볼 수 있다.

만약 지금 소개한 브랜드들의 제품을 '한 번쯤 사보고 싶은', 혹은 찾아보고 싶은 마음이 든다면, 이들은 최소한 잠재 고객의 호기심을 자극하는 것에는 성공했다는 뜻이다. 이렇게 수요자의 관심을 사로잡는 것은 마케팅의 가장 큰 목표 중 하나다. 처음으로 시장에 진출하여 인지도를 높여야 하는 스타트업의 경우에는 더욱 그렇다. 마케팅이 기업의 존재를 알리는 역할을 해 준다면, 브랜딩은 수요자가 기꺼이 마음과 지갑을 열게 하는 역할을 해야 한다.

그렇다면 무엇이 브랜드에 대해서 긍정적인 마음이 들게 하며, 실제 구매로도 이어지게 하는 것일까? 이를 면밀하게 파악하기 위해서는 몇 권의 책이 더 필요할 것이나, 누구나 쉽게 브랜드의 미래를 상상할 수 있도록 돕는 입문서의 관점에서 이 책은 이를 다음 한 문장으로 정리하고자 한다. '그 브랜드만의(Only)', '분위기와(Aura)', '스타일에서 오는 (Style)', '진정성 있고(Genuine)', '특별한(Special)', '경험(Experience)'. 우리가 곧 맞이하는 세상은 창조적인 상호작용을 통해 수요자와 공급자의 벽이 허물어진 곳이다. 그리고 위 문장을 이루는 키워드들은 이러한 세상에서 창작자와 경영자들의 생존을 가르는 필수 요소가 될 것이다.

그렇다면 이쯤에서 다시 'STORIFY'에서 제시된 예상 시나리오로 돌아가 보도록 하자. 우리는 앞서 각 시나리오의 오리지널리티를 네 가지 요소(브랜드 스토리텔링, 디자인 아이덴티티, 사회적 가치, 문화적 요소의 활용)로 분석하였고, 그와 상통하는 실제 사례들도 찾아보았다. 이러한 인사이트를 정리하며, 이 책이 공유할 다음 부분은 예비 수요자들과 구두로 진행된 인터뷰 실험 내용이다. 각각 다른 연령대에 속한 네 명의 참여자는 이 책의 미래 브랜드 시나리오를 읽고, 미래 수요자 혹은 공급자로서의 삶을 예측해 보았다. 이들의 솔직하고 생생한 답변을 통해 미래에는 어떤 브랜드가 '한 번쯤 써보고 싶은' 마음을 불러일으킬지를 생각해 보자.

'나도 한번 써 보고 싶은' 마음

필자는 'STORIFY' 부분에서 제시한 네 가지 시나리오를 토대로, 실제 수요자들이 AI를 활용한 각기 다른 미래 브랜드들에 대해 어떻게 생각하는지를 알아보는 자리를 마련했다. 그리고 무엇이 그들에게 해당 브랜드의 서비스에 호기심을 가지게 만드는 요소가 무엇인지를 확인했다. 인터뷰 형식을 간략하게 정리한 이번 챕터의 마지막 부분은 각기 다른 연령대(20대, 40대, 60대, 30대)의 수요자들을 대상으로 진행한 실험의 내용을 담고 있다. 실험은 주로 A, B 테스트의 형식으로, 간단한 Yes와 No의 대답으로부터 시작하여 그 이유를 묻는 순서로 진행되었다. 참여자들의 이름은 요청에 따라 가명으로 처리했다. 모든 실험 인터뷰는 구두로 진행되었기에, 이후 통일된 문체로 책에 기록했다.

튠 마인드(Tune Mind):
"데이터 제공은 싫지만, 맞춤형 기능은 써보고 싶어"

첫 번째 실험 참여자는 현재 직장인인 40대 송진우 씨(가명)다. 그는 첫 번째 시나리오인 '수동성: AI가 사소한 선택을 대신해 준다면'을 읽고 총 세 가지의 질문에 응답했다.

Q. 나는 예상 시나리오에 등장한 음원 스트리밍 애플리케이션인 'Tune Mind'처럼 추천 알고리즘을 통한 서비스를 즐겨 사용하고 있다/아니다.

A. '아니다' 쪽입니다. 요즈음엔 모든 것들이 다 추천 영상, 추천 음악 등등으로 뜨는데요, 저는 이러한 서비스를 별로 선호하지 않습니다. 특히 음악과 영화를 고를 때는 더 그렇습니다. 옛날부터 가수들을 직접 찾아서 그들의 음악을 듣고, 그렇게 발견하는 과정을 즐겼기 때문입니다. 앞으로도 제가 직접 음악을 선택하고 발견하는 경험을 통해 다양한 음악을 듣고 싶습니다. 문제는 점점 그것이 어려워지고 있다는 것이지만요.

Q. 만약 'Tune Mind'와 같은 인공 지능 앱이 있다면, 사용을 시도해 볼 것 같다/아니다.

A. 신기한 기능들이 있어서 한 번쯤 사용해 볼 수 있을 것 같습니다.

맞춤형 DJ와 대화 나누는 게 재미있을 것 같아서요. 추천 알고리즘만 강조된 서비스는 저와 맞지 않을 것 같다는 느낌이 들지만, 제가 좋아하는 친구의 취향도 더 잘 알 수 있고, 마음에 들 선물까지 망설임 없이 고를 수 있는 건 장점이라고 생각해요. 그리고 나오는 음악이 정말 제가 찾던 곡들이어서 넘김 없이 편안하게 들을 수만 있다면 추천 음악에 대한 불만도가 내려갈 수도 있겠고요. 하지만 그렇게 훌륭한 맞춤형 서비스가 나오려면 아무래도 기업이 과도하게 개인 정보를 수집하고 제 선택을 간섭할 우려가 있을 것 같습니다. 그래서 제가 의도하지 않은 추천이나 개인 정보가 남용되는 것을 피하고자, 차라리 조금 불편하더라도 아직까지는 스스로 의사결정을 하는 쪽을 선택하고 싶네요.

Q. **내가 수요자로서 AI를 활용한 미래 브랜드에게 가장 바라는 사항은 '○○○'다.**

A. 안정성입니다. 미래 브랜드들이 혁신적인 기술을 사용하고, 그게 편리성으로 이어지는 것은 괜찮지만 언제나 가장 중요한 건 개인 정보 보호라고 생각합니다. 그리고 항상 사람의 선택이 인공 지능의 추천보다 우선시 되어야 하겠죠. 그렇기에 저는 AI를 활용한 기업들이 사용자의 데이터를 보호하고, 중요한 선택의 권한을 사용자에게 중심으로 두는 윤리적인 방향으로 발전해 주기를 바랍니다.

오토 런 (Auto Learn):
"마치 내 이야기 같아서 거부할 수 없을 듯"

두 번째 실험 참여자는 현재 대학생인 20대 김아진 씨(가명)다. 그녀는 두 번째 시나리오인 '두려움: 급변하는 시대의 기술, 나만 모른다면'을 읽고 총 세 가지의 질문에 응답했다.

Q. 나는 시나리오에 나온 벤지처럼 미래에 대한 걱정을 하고 있다/아니다.

A. 당연히 걱정되죠. 시나리오를 읽으면서 많은 공감이 되었어요. 저 또한 미래 직업과 진로에 대한 걱정이 많기 때문이에요. 요즈음 어떤 뉴스를 봐도, 기술의 발전과 인공 지능의 도입으로 많은 직업이 사라질 것이라고 나오잖아요. 어떤 직업이 미래에도 유효할지, 새로운 직업이 어떻게 생겨날지에 대한 불안함이 있어요.

Q. 만약 시나리오 속 세실리아와 같은 인공 지능 비서가 'Auto Learn' 같은 학습 프로그램을 광고한다면, 나는 사용을 시도해 볼 것이다/시도하지 않을 것이다.

A. 시나리오에서 나온 세실리아 같은 인공 지능 비서가 존재하고, 'Auto Learn'과 같은 학습 프로그램을 광고한다면, 아무래도 사용을 시도해 볼 것 같아요. 저도 대학을 다니고 있지만 계속해서

새로운 것들을 배워야 한다는 생각이 들기 때문이에요. 무엇보다도 그런 서비스를 이용한다면 스마트폰 중독을 막아줄 수 있을 것이라는 생각이 들어서, 제가 더 효율적으로 시간을 쓸 수 있게 도와줄 것 같아요.

Q. **내가 AI에 관련된 미래에 대해 가장 걱정되는 사항은 '○○○'다.**

A. 결국 사람들의 가치와 관련된 문제겠죠. 기술이 점차 발달하면 인간의 역량보다 뛰어난 인공 지능이 우리의 자리를 대신하게 될 텐데, 이럴 때 사람들이 겪게 될 불안과 일자리 감소 같은 문제가 어떻게 해결될지 걱정되거든요. 제가 그런 사회에서 적응할 수 있을지도 의문이고요. 사람이 기계보다 중요해지지 않는 미래가 올까 봐 우려되네요.

 실버 라인(Silver Line):
"나에게 좋고, 지구에도 좋다면, Why not?"

세 번째 실험 참여자는 현재 퇴직을 준비 중인 60대 홍성희 씨(가명)다. 그녀는 세 번째 시나리오인 '노스텔지어를 활용한 브랜딩'을 읽고 총 세 가지의 질문에 응답했다.

Q. **나는 65세가 넘어서도 소소하게나마 일을 하고 싶다/아니다.**

A. 네, 하고 싶습니다. 사람은 일을 해야 삶에 목적과 의미를 부여할 수 있다고 생각해요. 작은 규모의 일이라도 사회에 기여할 수 있다는 느낌을 받으면 행복할 것 같습니다. 전체적으로 삶의 만족도가 올라갈 테니까요. 그리고 일을 해야지만 우리는 사회와 단절되지 않고, 계속 이어왔던 연결을 유지하면서 외롭지 않을 수 있어요. 무리하지 않는 선에서만 할 수 있다면 일을 하고 싶네요. 사람들도 만나고 용돈도 벌면 여러모로 생활에 도움이 될 것으로 생각합니다.

Q. **만약 예상 시나리오에서 나온 '실버 라인'과 같이 건강과 지구를 함께 생각하는 커뮤니티가 있다면, 돈을 내서라도 참여할 것이다/아니다.**

A. 만약 그런 커뮤니티가 실제로 존재한다면, 저는 월별로 돈을 내서라도 참여할 것입니다. 몸을 계속 움직여 주니까 건강도 지켜주게 될 것이고, 지구 환경에 대한 관심을 공유하고 함께 해결책을 모색할 수 있는 기회를 얻을 수도 있을 것이기 때문이죠. 우리는 함께 힘을 합쳐서 건강해지려고 노력하고, 후손이 살아갈 지구도 지켜야 합니다. 이 두 가지는 모두의 삶에서 중요한 측면이며, 이를 이루기 위해서는 꼭 협력과 협업이 필요해요. 그리고 이러한 커뮤니티에서 얻는 다양한 정보는 항상 저를 열린 사람으로 만들어 줄 거라고 믿어요. 커뮤니티 내에서 지원도 받을 수 있겠고요. 이런 것은 돈을 내서라도 참여할 가치가 있다고 생각합니다.

Q. 나이가 들어감에 따라 가장 걱정되는 부분은 ○○○이며, 그에 따라 필요하다고 생각하는 서비스는 ○○○다.

A. 나이가 들어감에 따라 가장 걱정되는 부분은 아무래도 육체적인 건강이죠. 몸의 기능이 저하되는 등 노화의 영향 때문에, 건강에 대한 관리와 의료 서비스에 대한 필요성을 느낍니다. 마음 건강을 위한 사회적인 연결도 중요해요. 노인이 되면 가족이나 친구와의 관계가 변화하거나 사회적인 활동이 줄어들 수 있기 때문에, 이를 보완할 수 있는 서비스가 필요하거든요. 시나리오에서 읽었던 것처럼, 사회적인 활동을 지원하는 커뮤니티 프로그램이나 친목을 도모하는 모임 등이 중요하다고 생각합니다. 나이가 들어가더라도 사회적인 관계를 유지하고 활발하게 참여할 수 있는 무언가가 필요하니까요. 시나리오에 나온 서비스가 한국에서 먼저 만들어졌으면 좋겠습니다.

 플로리아(Flooria):
"많은 사람과 큰 가치를 공유하는 미래를 위하여"

네 번째 실험 참여자는 현재 데이터 사이언스 관련 스타트업에서 근무 중인 30대 김대형 씨(가명)다. 그는 네 번째 시나리오인 '데이터 기반 공유 경제를 활용한 브랜딩'을 읽고 총 세 가지의 질문에 응답했다.

Q. 나는 공유 경제를 이용한 플랫폼을 선호한다/아니다.

A. 선호합니다. 공유 경제는 자원의 효율적인 활용과 지속 가능성을 강조하는 경제 모델입니다. 이 모델은 사용하지 않는 자원이나 기술을 다른 사람들과 공유하여 더 많은 사람들이 혜택을 받을 수 있도록 돕습니다. 또한, 공유 경제 플랫폼은 경제적인 이익도 그렇지만 사회적인 연결과 협력을 이루어 낼 있도록 활용될 수 있다고 생각해요. 실제로 공유 서비스를 자주 이용합니다. 아마 플로리아 같은 플랫폼이 생긴다면 정확한 비즈니스 모델이 궁금해서라도 이용해 볼 생각이 들 것 같네요.

Q. 만약 창업을 한다면, 나는 사람들을 모아 공유 경제를 활용한 큰 플랫폼을 만들고 싶다/오픈 소스를 활용한 일인 기업을 만들고 싶다.

A. 당장 창업을 하고 싶은 생각은 없지만, 만약 한다면 아마 공유 경제를 이용한 플랫폼을 만들 것 같습니다. 개인적으로 사업을 하면 부담은 덜 할 수 있겠지만, 만약 큰 플랫폼이 성공한다면 더 많은 이들이 혜택을 받을 수 있을 것이기 때문입니다. 그리고 저는 공유 플랫폼에서 요즘 중요한 키워드인 자원의 효율적인 분배가 이루어질 수 있다고 생각해요. 그 효과를 제대로 누리려면 큰 플랫폼을 구축해서 그만큼 큰 영향력을 가져다줄 수 있게끔 노력해야겠죠. 좋은 영향을 주는 큰 공유 플랫폼들은 우리에게 긍정적인

변화를 가져올 것이라고 생각합니다.

Q. 미래에 AI를 활용한 공유 플랫폼에서 내가 가장 바라는 기능은 ○ ○ ○ 다.

A. 안전과 보호라고 할 수 있습니다. 공유 플랫폼은 불특정 다수의 데이터가 모이는 곳입니다. AI가 사용자들의 데이터를 수집하고 분석하여 개인 맞춤형 서비스를 제공할 수 있겠지만, 그만큼 개인 정보와 민감한 데이터의 보호가 매우 중요하다고 생각합니다. 따라서 AI를 활용한 공유 플랫폼에서는 강력한 보안 시스템과 데이터 보호를 통해 사용자들의 개인 정보를 안전하게 보호해 줘야 할테지요. 사용자들의 신뢰를 얻고 싶다면, 데이터가 활용 현황이 투명하게 공개되어야 할 것입니다.

네 가지 시나리오를 읽은 인터뷰 참가자들은 여러 관점에서 미래의 예상 브랜드에 대한 주장을 제시했다. 공통적으로 제기된 우려로는 이전 IDEATE 챕터에서 다양한 학자들의 주장을 통해 언급되었던 것처럼, 개인 정보 및 데이터 처리의 안정성에 대한 것이 있었다. 또한, 인간을 능가하는 인공 지능이 나오게 되었을 때 사회에 어떤 영향이 올 것인지에 대한 고찰이 필요하다는 의견이 제시되었다. 이러한 사항에도 불구하고 무엇 때문에 이들은 예상 시나리오에서 소개된 브랜드의 서비스를 '한 번쯤 사용해 보고 싶다'는 마음을 가지게 되었을까?

첫 번째 시나리오를 읽은 송진우 씨는 맞춤형 추천 알고리즘을 별로 선호하지 않았지만, 혁신적인 기능이 있는 'Tune Mind'의 맞춤형 DJ 뮤지니와 고민스럽지 않은 선물 선택 등의 장점에 호기심을 가졌다. 두 번째 시나리오를 보고 적극적인 사용 의사를 밝힌 김아진 씨는 시나리오에서 드러난 심리에 공감하며 서비스가 현실로 제공된다면 돈을 내서라도 참여할 가치가 있다고 여겼다. 세 번째 시나리오로 실험에 참가한 홍성희 씨 또한 비슷한 의견이었다. 이는 '실버 라인'이 건강과 사회적인 연결을 중요하게 생각하는 고령자들에게 매력적인 가치를 제공했기 때문이다. 마지막 시나리오를 본 김대형 씨는 공유 경제를 이용한 큰 플랫폼에 대한 선호를 드러냈다. 그는 자원의 효율적인 분배와 지속 가능성 등, 사회와 문화 전반에 좋은 영향을 주는 것이 중요하게 생각했다.

정리하자면, 브랜드 4.0 시대의 서비스나 제품을 '한 번쯤 사용해 보고 싶게끔'하는 요소들의 기반에는 데이터 사용 등에 대한 일차적인 신뢰를 기반으로 한 수요자의 긍정적인 호기심이 있어야 할 것이다. 일단 그렇게 관심을 끄는 데 성공한다면, 오리지널리티를 갖춘 특정 브랜드는 그들의 인문학적, 기술적 가치(개인화된 편리한 서비스, 앞선 정보와 기술력, 사회적인 연결, 선한 영향력의 확대 등)로 수요자의 마음을 사로잡을 수 있을 것이다. 그렇기에 독창성과 진실성의 덕목을 조화롭게 갖추는 것이 어느 때보다도 중요해질 것이며, 인공 지능이 가져다줄 혁신을 자신의 특성에 알맞게 디자인할 수 있는 능력이 요구될 것임을 예상할 수 있다.

과거 유명 브랜드의 선행 전략을 그대로 답습하고자 하는 안일한 이들에게는 안타깝지만, '모방은 창조의 어머니'라고 전해져 오던 문장은 옛말이 되어 버린 지 오래다. 그렇기에 새로운 시대에서는 자신만의 기술과 오리지널리티를 각인하는 능력이 곧 '일반 상품'과 '브랜드 제품'을 구분할 것이다. 전략을 갖추지 않은 무조건적인 모방은 창조(創造)가 아닌 망조(亡兆)로 개인과 기업을 이끌 것이기 때문이다.

이제 이 책의 마지막 부분인 'SHOW' 부분에서는 지금껏 이 책에서 제시된 내용을 요약하여 브랜딩과 인공 지능의 개념이 서로어떻게 발전해 왔으며, 어떤 변천사를 겪었고, 현재 어떠한 단계를맞이했는지에 관한 내용을 이미지로 요약하여 제시하겠다. 또한예상 시나리오에서 드러난 수요자의 심리와 더불어, 이번 챕터에서 강조된 '오리지널리티'의 핵심 구성 요소 또한 시각화해 보겠다.

MOFIS

SHOW

SPECULATIVE
브랜딩 매핑
-
이미지 서머리

브랜딩과 AI의
발전 관계

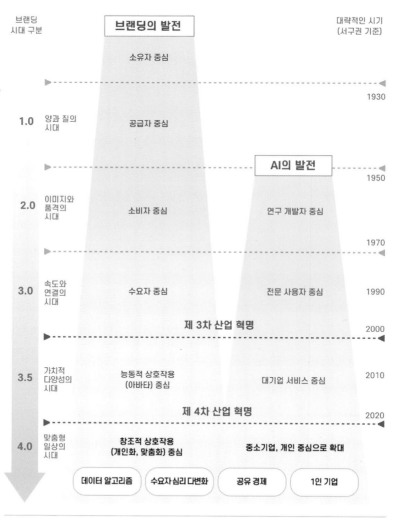

| 도식 1 | 시기에 따른 브랜드와 인공 지능의 발달 과정 및 흐름

AI 브랜딩 - SHOW

첫 번째 이미지는 이 책에서 소개한 AI 기술과 브랜드의 역사, 그리고 시간적 흐름에 따른 그 특징의 변화 과정을 요약해 놓은 것이다. 이 이미지를 살펴보면 한 가지 흥미로운 공통점을 발견할 수 있다. 브랜드와 AI 기술 모두 시작 단계에서는 발전을 이끄는 주체가 소수의 공급자, 혹은 연구 개발자들이었다. 그렇지만 시간이 흐를수록 점차 다양한 사용자(소비자, 수요자 등으로 표현되는 집단)의 중심으로 그 양상이 진화되었으며, 다원화된 수요에 맞추어 상호작용의 방식 또한 긴밀해졌다. 이어서 제4차 산업 혁명의 시기를 거치며 집단을 넘는 개인에게까지 AI 기술의 활용이 가능해진 것처럼, 브랜딩 또한 점차 개인에게 제공되는 맞춤형 경험인 '창조적 상호작용'으로 발전하고 있다. 이러한 서비스들을 공급하는 주체들 또한 소수의 대기업, 혹은 전문인들로부터 개인에 이르기까지 다양해지고 있다.

이러한 특징은 이 책에서 브랜드의 전체적인 개념을 이미지 및 마케팅 전략, 프로덕트를 아울러 수요자와 공급자의 '상호작용'을 중심으로 정의하였기에 더욱 두드러지게 나타난다. 우리는 앞서 다양한 예시와 문헌 자료, 그리고 예측 시나리오를 통해 '창조적인 상호작용'으로서의 브랜딩이 일상에 어떻게 스며들게 될 것인지를 살펴보았다. 그리고 이를 뒷받침해 줄 수 있는 기술로서 인공 지능을 집중하여 다루었으며, 그 발전 과정과 활용 예시를 통해 브랜딩과 AI 기술의 융합이 어떤 미래를 창조할 것인지에 대해 이야기했다. 위의 도표는 그 흐름을 정리하여 점차 개인화, 맞춤화되어 가는 두 축(브랜딩과 인공 지능)이 서로 만나서 하나의 거대한 풀(Pool)을 만들고 있음을 나타낸다. 이 풀에서 뛰어놀게 될 수많은 브랜드 중에는 고래만큼 크기가 큰 대기업들도 있겠지만, 단단한 1인 기업들과 공유 경제를 활용한 기업 등 다양한 공급자(이자 수요자)들이 대거 등장하게 될 전망이다. 이는 다원화된 수요자의 심리를 파악하여 그 니즈를 맞추는데 활용될 빅데이터와 알고리즘의 역할을 빼놓고는 완성될 수 없을 것이다.

제4차 산업 혁명의 시기를 맞이하여 변화하게 될 수요자의 심리는 이 책에서 브랜딩의 미래를 예측하는 중요한 단서가 된다. 필자는 'IDEATE' 섹션에서 다양한 분야의 전문가들의 저서를 소개하며, 고도화된 인공 지능 기술을 일상에서 접할 수요자들의 태도와 심리를 크게 세 가지로 분석하였다. 그것은 편리한 기술에게 일상적인 선택을 맡기는 수동성, 다가올 미래 사회에서의 도태에 대한 '두려움', 그리고 과거 인본주의에 대한 그리움을 활용한 '노스탤지어'다. 그에 따라 경제의 형태 또한 다변화될 것을 주장했는데, 우측의 도식으로 이를 정리하였다.

수요자 심리와
브랜딩 시나리오

AI 고도화에 따른 수요자의 심리 다원화

수동성	두려움	노스텔지어	수요자 = 공급자
AI 맞춤형 서비스의 익숙함과 편리함	FOMO(미래), 개인 데이터의 오/남용 등	익숙한 시대와 감성으로의 회귀	허물어지는 수요자와 공급자의 경계
시나리오1 취미와 취향	시나리오 2 학습과 진로	시나리오 3 환경과 커뮤니티	시나리오 4 플랫폼과 1인 기업

가상 세계와 현실 세계의 융합, AI의 선택이 디자인하는 일상

수요자의 공급자화, 공유 경제를 활용한 새로운 일자리 생성

| 공간 제약 없는 시장 | AI 서비스 간의 협동 | 데이터 중심 소비 생활 | 공유 창조 네트워킹 | 인본주의, 사회적 가치 | 고령 인구 시장 확대 |

데이터와 AI 활용에 따른 경제 생활 다변화

| 도식 2 | AI 기술과 브랜드의 접목을 통한 미래 스펙트럼 예상 & 브랜드 시나리오

이 책에서 수요자들의 수동성은 'Tune Mind'라는 가상의 브랜드를 통해 드러난다. "고민하지 마세요. Easy Music, Easy Life, Tune Mind."라는 브랜드 슬로건은 수요자들에게 수동성을 긍정적으로 받아들일 수 있도록 하며, 더 나아가서는 고민 없는 쉬운 삶을 종용한다. 이러한 부분의 장점과 우려 사항은 'IDAETE' 섹션에서 소개한 것을 토대로, 젊은 세대로 대표되는 시나리오 주인공이 어떻게 일상을 대하는지에 대한 삶의 태도로 드러난다.

두려움을 활용한 브랜드로는 가상의 학습 앱, 'Auto Learn'이 등장했다. 빠르게 변화하는 시대에 적응하기 위해서 "당신의 미래를 리드해야 한다."는 슬로건으로 수요자의 심리를 장악하는 애플리케이션의 이야기를 다루었는데, 여기서는 수요자가 학생으로 설정되었기에 이러한 내용이 강조되었다. 시대의 두려움을 활용한 브랜딩 전략은 이뿐 아니라, 앞서 언급된 다양한 아이디어에 접목될 수 있다. '무너져가는 환경에 대한 두려움', '기술로 대체되는 인간 존재에 대한 두려움', '개인 정보 남용의 두려움' 등 다양한 주제를 활용한 시나리오가 도출될 수 있을 것이다.

인본주의에 대한 '노스탤지어'의 시나리오는 인공 지능 기술이 익숙하기 이전 시대부터 살아온 노인 수요자의 일상을 조명한다. 'Silver Line'이라는 가상의 노인 지역 커뮤니티이자 배달 서비스는 수요자가 곧 공급자가 될 수 있음을 시사한다. 이들은 노인들에게 익숙한 느낌을 들게 하는 마케팅 및 브랜딩을 통해 노인들의 '마음'

을 먼저 연다. '지속 가능성', '노인 일자리 창출', '지역 커뮤니티 활성화' 등 제4차 산업 혁명 시대에도 강조될 인본주의적인 덕목들을 갖추고 있으면서도, AI를 통해 철저한 시장 조사와 애플리케이션 서비스를 제공한다. 이는 자칫 차갑고 두렵게 느껴질 수 있는 신기술이 '노스텔지어'를 활용한 브랜딩을 통해 따뜻하고 인본주의적인 옷을 입을 수 있음을 시사한다.

수요자의 심리와 경제 다변화에 연결된 마지막 시나리오로는, '나도 공급자가 될 수 있다'는 생각에서 시작되는 수요자들의 시장 활동들이 소개되었다. 가상의 공유 경제 플랫폼인 'Flooria'의 이야기에서는 공유 경제가 물리적인 장소뿐 아니라 인적 네트워킹에 활용될 수 있다는 가능성을 제시하였으며, 1인 기업이 AI 활용을 통해 세계적으로 성장할 수도 있음을 보여 준다.

이처럼 Storify된 시나리오들은 앞서 이 책에서 소개된 챕터들에서 얻은 인사이트를 '있음직한 미래의 이야기'로 제시하여, 우리에게 한 발짝 가깝게 다가온 AI 시대 브랜딩의 미래를 상상하게 한다. 앞으로 우리는 수요자로서, 그리고 공급자로서 어떤 시나리오의 주인공이 되어 있을까? 그리고 성공적인 시나리오의 주인공이 되려면 어떤 전략이 필요할까? 다음 장의 이미지는 '오리지널리티'로 표현된 그 요소들을 정리한 것이다.

오리지널리티의 구성 요소

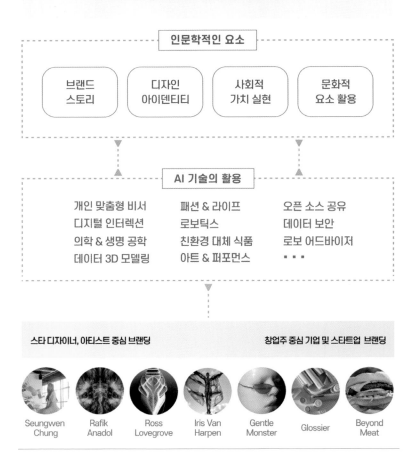

오리지널리티 (ORIGINALITY)

"그 브랜드만의(only), 분위기와(aura), 스타일에서 오는(style),
진정성 있고(genuine), 특별한(special), 경험(experience)"

인문학적인 요소

| 브랜드 스토리 | 디자인 아이덴티티 | 사회적 가치 실현 | 문화적 요소 활용 |

AI 기술의 활용

개인 맞춤형 비서	패션 & 라이프	오픈 소스 공유
디지털 인터렉션	로보틱스	데이터 보안
의학 & 생명 공학	친환경 대체 식품	로보 어드바이저
데이터 3D 모델링	아트 & 퍼포먼스	. . .

스타 디자이너, 아티스트 중심 브랜딩   **창업주 중심 기업 및 스타트업 브랜딩**

Seungwen Chung   Rafik Anadol   Ross Lovegrove   Iris Van Harpen   Gentle Monster   Glossier   Beyond Meat

| **도식 3** | 브랜드 오리지널리티의 구성 요소와 그 예시

이 책에서는 인문학과 첨단 기술의 융합을 브랜딩의 핵심으로 다루었다. 브랜드 스토리텔링, 디자인 아이덴티티, 사회적 가치 실현, 그리고 문화적 요소의 활용에 인공 지능이 접목된다면 그 시너지는 더욱 커질 것이다. 우리는 이러한 예시를 잘 보여 주는 개인 아티스트 및 디자이너들과 기업들을 살펴보았다. 또한, 예비 수요자들과의 인터뷰를 통해 예상 시나리오에서 등장한 브랜드들과 이들의 공통된 성공 전략을 오리지널리티의 요소로 분석해 보았다.

챗봇을 활용한 맞춤형 개인 비서에서부터 패션까지, 인공 지능 기술은 다양한 영역에서 활용되고 있다. 'IDEATE' 부분에서 확인하였듯이 우리는 이미 이러한 기술을 활용한 브랜드들의 춘추전국 시대를 맞이하고 있다. 그렇다면 이들 중 시장에서의 험난한 항해에서 가라앉지 않는 배는 무엇일까? 그리고 그들은 어떤 각인의 전략으로 미래 수요자들의 마음을 사로잡을까? 새로운 시대에 맞는 독창성으로 브랜드를 이루는 방향은 두 갈래로 나누어 생각해 볼 수 있다. 하나는 그 이름 자체가 브랜드가 된 스타 디자이너나 아티스트의 방향이며, 다른 하나는 창업주의 아이디어를 현실화시키는 스타트업과 기업의 방향이다. 이 둘의 접근은 다르지만, 대중에게 각인되는 방식과 그 방향성은 크게 다르지 않다. 그렇다면 지금 이 책을 읽고 있는 그대는 그 두 가지 중 어떤 것을 더 꿈꾸고 있는가? 그리고 그렇게 되기 위해서 지금 그대에게는 무엇이 필요할까? 이러한 질문과 함께 이 책이 전하고자 하는 마지막 부분으로 넘어가 보자.

▲

10년 후, 브랜드 디자이너는 무엇을 하고 있을까?

혁신이 더 이상 혁신이 아니게 될 때는 언제일까? 이 책의 시작을 열었던 INTRO 부분의 아이폰 사례를 다시 한번 떠올려 보자. 고기능 스마트폰의 시초이자 디자인 센세이션을 불러일으켰던 아이폰의 독보성은 이미 여러 시리즈를 거듭하며 점점 퇴색되고 있다. 이처럼 획기적인 아이디어가 더 이상 돋보이지 않게 되는 시점은, 그 아이디어의 활용이 만연해져서 대중에게 '익숙해질 때'일 것이다. 현재 인공 지능은 우리의 사회에서 혁신을 상징하는 기술이다. 그러나 10년 후, 브랜딩 4.0 시대의 중턱에 도달했을 때도 그럴 것이라는 보장은 없다.

이 책에서 우리가 살펴본 바와 같이, 인공 지능의 발전은 분명 브랜딩과 마케팅은 물론, 디자인 분야까지도 새로운 시대를 열었다. 때문에 디자이너와 카피라이터 중 특히 기술적인 생산 업무만 담당했던 이들은 직업을 잃게 될 사람들의 최전방에 서게 되고 말았다. 바둑 천재 이세돌이 알파고를 이길 수 없었듯, 디지털 두뇌를 가진 인공 지능 안에는 한 사람의 두뇌에는 모두 다 담을 수 없는 무한한 양의 정보와 창작물이 가득하다. 그렇다면 브랜딩 4.0은 디자이너와 같은 창작자들이 이미 패배할 수밖에 없는 시대인 것일까?

| 53 |　크리에이티브, 즉 창의성의 영역을 인공 지능이 대체하게 될 것이라는 전망에 수많은 디자이너들과 브랜딩 전문가들이 위협을 느끼고 있다. (Source: https://youtu.be/udHQZhvPcXg, checked on 2023.)

　　물론, 브랜딩의 많은 요소 중 공급자의 서비스에서 '실시간적이고 창조적인 상호작용'을 이끄는 부분은 인공 지능과 같은 새로운 기술이 담당하게 될 것이다. 하지만 여기서 간과하지 말아야 할 것은, 우리의 심리 저변에는 브랜딩 1.0, 2.0, 3.0, 3.5의 단계가 모두 존재한다는 것이다. 사람은 버전을 업그레이드하는 기계가 아니다.

그렇기에 두려움을 느끼기도 하고, 노스탤지어를 느끼기도 하며, 창의적인 방법으로 공유 서비스를 창조하는 등, AI가 아직 미치지 못하는 영역인 '인류 역사 이래 쌓여 온 감성의 구조와 종합적 사고의 데이터베이스'를 활용할 수 있는 능력을 지니고 있다. 그리고 이 것은 개개인을 대체 불가능한 무언가로 만드는 '오리지널리티'의 원천이 된다.

독창성과 차별성은 빅데이터에 의해서 생성된 이미지처럼 '어디서 본 듯한, 그럴싸한' 모든 것을 뛰어넘는 그 무언가다. 이에 오리지널리티가 있는 디자이너에게 인공 지능은 아이디어를 표현하는 훌륭한 도구가 될 테지만, 수동적인 역할만 담당했던 이들에게는 직업을 잃게 되는 가장 첫 번째 이유가 될 것이다. 이에 오리지널리티를 갖추기 위해서는 디자이너들이 자신만의 방법으로 세상을 바라보는 힘과 안목을 구축하는 것이 중요하다. 시장에서 오래 생존하는 브랜드를 구축하려는 공급자들 또한, 자신의 서비스나 제품이 단순히 인공 지능의 생성물에 불과한 것으로 인식되는 불상사를 피하기 위해서는 독자적이며 확고한 철학을 가져야 한다.

앞으로 대규모의 핵전쟁이나 엄청난 자연재해가 몰아쳐서 인류가 멸종하지 않는 한, 10년 후의 세상에도 사람이 살아갈 것이라는 사실은 크게 변하지 않을 것이다. 그리고 사람이 사는 세상이 시작될 때부터 쌓여온 감성적, 이성적, 그리고 전방위적 데이터베이스는 바로 '인문학'이다. 그렇기에 아이러니하게도 디자이너들이 살아남기 위해서는 AI의 발달 속도에 두는 관심만큼이나 '가장 인간적인 것'을 가까이해야 한다는 결론이 도출된다. 이는 '흉내를 잘 내는 기술자'가 아닌, '진짜 생각을 할 수 있는 두뇌의 근력을 가진 사람'이 되어야 하는 시대가 도래했기 때문이다.

그러한 사고의 일환에서 이 책은 미래 시대와 브랜딩에 대한 다양한 저자들의 관점과 그들의 저서를 소개하며, 이와 더불어 앞으로 펼쳐질 브랜딩 스펙트럼의 시나리오를 제시하였다. 이제 이 책을 마무리하며 함께 생각해 보자. 10년 후, '브랜딩'과 '디자인'의 정의는 어떻게 달라질 것이며, 그것을 대비하는 우리의 손에는 무엇이 들려 있어야 할까?

· REFERENCE ·

Links

1 스티브 잡스의 연설: https://www.youtube.com/watch?v=DIKbwN JpP9I&t=506s&ab_channel=EthanMoon, checked on 2023.

2 아이폰 기사: Nownews [IT]: https://nownews.seoul.co.kr/news/ newsView.php?id=20230228601001, checked on 2023.

3 브랜드의 정의: https://www.ama.org/, checked on 2023.

4 브랜드의 어원: http://www.brands.or.kr/, checked on 2023.

5 매버릭의 어원: https://www.joongang.co.kr/article/25067702#home, checked on 2023.

6 한국민족문화대백과사전: https://encykorea.aks.ac.kr/Article/E0047928, checked on 2023.

7 미국의 경제 불황 역사: https://the-day-after-tomorrow.tistory.com/20 (2020), checked on 2023.

8 아바타의 정의: https://www.merriam-webster.com/dictionary/avatar, checked on 2023.

9 Tony the Tiger: New York Post: https://url.kr/6f7ct2, checked on 2023.

10 네이버 제페토 관련 기사: https://economist.co.kr/article/view/ ecn202205140022, checked on 2023.

11 넷플릭스: 넷플릭스의 AI 활용: https://www.aitimes.com/news/articleView. html?idxno=134846, checked on 2023.

12 AI의 정의: AI의 정의: https://www.ibm.com/topics/artificial-intelligence, checked on 2023.

13 AI가 마케팅과 브랜딩에 미치는 영향: https://www.aitimes.com/news/articleView.html?idxno=145363, checked on 2023.

14 구글 AD: https://www.aitimes.com/news/articleView.html?idxno=147561, checked on 2023.

15 릴스의 인공 지능 활용: https://www.techm.kr/news/articleView.html?idxno=110236, checked on 2023.

16 트위터의 AI 활용: https://hypebeast.kr/2023/4/elon-musk-reportedly-bought-thousands-of-gpus-for-a-twitter-ai-project, checked on 2023.

17 Netflix의 AI: https://www.aitimes.com/news/articleView.html?idxno=134846, checked on 2023.

18 Spotify의 AI DJ: https://mashable.com/article/spotify-ai-dj, checked on 2023.

19 Pandora의 MPG: https://www.pandora.com/about/mgp, checked on 2023.

20 아마존의 AI 시스템: https://it.donga.com/26793/, checked on 2023.

21 우버 이츠: https://www.marketingaiinstitute.com/blog/uber-eats-artificial-intelligence, checked on 2023.

22 AI를 활용하는 의류 중소기업, Stitchfix: https://www.stitchfix.com/, checked on 2023.

23 카카오 AI 챗봇 서비스: https://business.kakao.com/info/chatbot/, checked on 2023.

24 네이버의 클로바 서비스: https://clova.ai/, checked on 2023.

25 알스퀘어 관련 기사: https://www.newstof.com/news/articleView.html?idxno=20639, checked on 2023.

26 배민 AI 도입: https://story.baemin.com/980/, checked on 2023.

27 우버의 실시간 위치 추적 시스템 및 AI 프로젝트: https://www.uber.com/kr/ko/uberai/, checked on 2023.

28 우버 이츠: https://www.marketingaiinstitute.com/blog/uber-eats-artificial-

intelligence, checked on 2023.

29 쿠팡의 AI 도입과 성공: https://news.mt.co.kr/mtview.php?no=2023031416
361832988, checked on 2023.

30 Slack의 AI: https://slack.com/intl/ko-kr/blog/news/introducing-slack-gpt,
checked on 2023.

31 디스코드 & AI: https://discord.com/blog/ai-on-discord-your-place-for-
ai-with-friends, checked on 2023.

32 트위치 AI: https://kotaku.com/creepy-eye-contact-stare-ai-nvidia-
broadcast-1-4-update-1850025394, checked on 2023.

33 에어비앤비의 AI 활용 사례: https://www.aitimes.com/news/articleView.
html?idxno=124565, checked on 2023.

34 마이리얼트립 AI 여행플래너 관련 기사: https://yozm.wishket.com/
magazine/detail/1949/, checked on 2023.

35 파인더스 AI 함명원 대표 인터뷰: https://rb.gy/0s59h, checked on 2023.

36 치즈에이드 관련 기사: https://www.aitimes.com/news/articleView.
html?idxno=146901, checked on 2023.

37 직방의 AI 활용: https://zdnet.co.kr/view/?no=20230329092536, checked
on 2023.

38 runway의 GEN-1: https://runwayml.com/, checked on 2023.

39 Artbreeder: https://www.artbreeder.com/, checked on 2023.

40 DeepArt: https://creativitywith.ai/deepartio/, checked on 2023.

41 Grammerly: https://app.grammarly.com/, checked on 2023.

42 AIVA: https://www.aiva.ai/, checked on 2023.

43 TED: https://www.ted.com/talks/tristan_harris_how_better_tech_could_
protect_us_from_distraction, checked on 2023.

44 Tristan Harris의 TED talk: https://www.ted.com/talks/tristan_harris_
how_a_handful_of_tech_companies_control_billions_of_minds_every_
day?language=ko, checked on 2023.

Books & Articles

1   Schwab, Klaus. The Fourth Industrial Revolution. Australia: Currency, 2017.

2   Sáiz, Patricio, and Rafael Castro. The Brand and Its History: Trademarks, Branding and National Identity. United Kingdom: Routledge, 2022.

3   Sale, Kirkpatrick. Rebels Against The Future: The Luddites And Their War On The Industrial Revolution. United States: Da Capo Press, Incorporated, 1996.

4   Postman, Joel. SocialCorp: Social Media Goes Corporate. United States: Peachpit Press, 2009.

5   Kornberger, Martin. Brand Society: How Brands Transform Management and Lifestyle. United Kingdom: Cambridge University Press, 2010.

6   Kotler, Philip, Hermawan Kartajaya, and Iwan Setiawan. Marketing 3.0: From Products to Customers to the Human Spirit. United States: John Wiley & Sons, 2010.

7   Pradeep, A. K., Andrew Appel, and Stan Sthanunathan. AI for Marketing and Product Innovation: Powerful New Tools for Predicting Trends, Connecting with Customers, and Closing Sales. United states: John Wiley & Sons, 2018.

8   Schmidt, Eric, and Jared Cohen. The New Digital Age: Reshaping the Future of People, Nations and Business. United Kingdom: John Murray Publishers, 2013.

9   Sanya, Mehta. "The Evolution of Marketing 1.0 to Marketing 5.0." International Journal of Law Management & Humanitie 5, no. 4 (2022): 469－85. https:// doi.org/DOI: https://doij.org/10.10000/IJLMH.113373.

10 Kim, Eun-young. "Box-Office: The Economic Aspect of Film and Its Market Driven Characteristics." Korean Cinema Association 30 (December 2006): 59－ 79.

11 Lee, Wan Bum. A Study on Korean Society in the 1980s. South Korea: Baek-san seodang, 2005.

12 Sin-dong-a(新東亞), Issue 8, 2005.

13   Dainow, Ernie. A Concise History of Computers, Smartphones, and the internet. CreateSpace Independent Publishing Platform, 2017.

14   Kaplan, Andreas M., and Michael Haenlein. "Users of the World, Unite! The Challenges and Opportunities of Social Media." Business Horizons 53, no. 1 (January 2010): 59 – 68.

15   W.G., Mangold, and Faulds D.J. "Social Media: The New Hybrid Element of the Promotion Mix." Business Horizons 52, no. 4 (July 2009): 357 – 65. https:// doi.org/10.1016/j.bushor.2009.03.002.

16   Hennig-Thurau, Thorsten, Kevin P. Gwinner, Gianfranco Walsh, and Dwayne D. Gremler. "Electronic Word-of-Mouth via Consumer-Opinion Platforms: What Motivates Consumers to Articulate Themselves on the Internet?" Journal of Interactive Marketing 18, no. 1 (February 2004): 38 – 52. https://doi.org/10.1002/dir.10073.

17   Boyd, Danah M., and Nicole B. Ellison. "Social Network Sites: Definition, History, and Scholarship." Journal of Computer-Mediated Communication 13, no. 1 (October 2007): 210 – 30. https://doi.org/10.1111/ j.1083-6101.2007.00393.

18   Leaver, Tama, Tim Highfield, and Crystal Abidin. Instagram: Visual Social Media Cultures. United States: John Wiley & Sons, 2020.

19   Abidin, Crystal. "Visibility Labour: Engaging with Influencers' Fashion Brands and #OOTD Advertorial Campaigns on Instagram." Media International Australia 161, no. 1 (September 26, 2016): 86 – 100. https://doi.org/ 10.1177/1329878x16665177.

20   Baines, Paul, Chris Fill, and Kelly Page. Marketing. United Kingdom: Oxford University Press, 2011.

21   Kim, Jae-pil. ESG Revolution is Coming. Korea: Hansmedia, 2021.

22   What are Industry 4.0, the Fourth Industrial Revolution, and 4IR?, Mckinsey&company online article, (https://url.kr/1jrqef), 2022.

23   Harari, Yuval Noah. 21 Lessons for the 21st Century. United Kingdom:

Random House, 2018.

24   Sachdeva, Priya. Artificial Intelligence: A New Vista of Marketing. India: Clever Fox Publishing, 2022.

25   Schmidt, Eric, and Jonathan Rosenberg. How Google Works. United Kingdom: Hachette UK, 2014.

26   Kotler, Philip, Hermawan Kartajaya, and Iwan Setiawan. Marketing 4.0. United States: John Wiley & Sons, 2016.

27   Harari, Yuval Noah. 21 Lessons for the 21st Century. United Kingdom: Random House, 2018.

28   Goodyear, Mary. "Divided by a Common Language." Market Research Society. Journal. 38, no. 2 (March 1996): 1 – 16. https://doi.org/ 10.1177/147078539603800202.

29   Harari, Yuval Noah. 21 Lessons for the 21st Century. United Kingdom: Random House, 2018.

30   Pariser, Eli. The Filter Bubble: How the New Personalized Web Is Changing What We Read and How We Think. United States: Penguin Publishing Group, 2012.

31   Sundararajan, Arun. The Sharing Economy: The End of Employment and the Rise of Crowd–Based Capitalism. United Kingdom: MIT Press, 2017.

32   Botsman, Rachel, and Roo Rogers. What's Mine Is Yours: The Rise of Collaborative Consumption. United Kingdom: HarperCollins, 2010.

33   Belk, Russell. "You Are What You Can Access: Sharing and Collaborative Consumption Online." Journal of Business Research 67, no. 8 (August 2014): 1595 – 1600. https://doi.org/https://doi.org/10.1016/ j.jbusres.2013.10.001.

34   Schmidt, Eric, and Jared Cohen. The New Digital Age:Reshaping the Future of People, Nations and Business. United Kingdom: John Murray Publishers, 2013.

35   Harari, Yuval Noah. Homo Deus: A Brief History of Tomorrow. United

Kingdom: Random House, 2016.

36   Schmidt, Eric, and Jared Cohen. The New Digital Age: Reshaping the Future of People, Nations and Business. United Kingdom: John Murray Publishers, 2013.

37   Connock, Alex. Media Management and Artificial Intelligence:Understanding Media Business Models in the Digital Age. United Kingdom: Routledge, 2022.

38   Turing, A. M. "I.—COMPUTING MACHINERY AND INTELLIGENCE." Mind LIX, no. 236 (October 1, 1950): 433–60. https://doi.org/10.1093/mind/lix.236.433.

39   Turing, A. M. "I.—COMPUTING MACHINERY AND INTELLIGENCE." Mind LIX, no. 236 (October 1, 1950): 433–60. https://doi.org/10.1093/mind/lix.236.433.

40   Epstein, Robert, Gary Roberts, and Grace Beber. Parsing the Turing Test: Philosophical and Methodological Issues in the Quest for the Thinking Computer. Germany: Springer Science & Business Media, 2008.

41   Epstein, Robert, Gary Roberts, and Grace Beber. Parsing the Turing Test: Philosophical and Methodological Issues in the Quest for the Thinking Computer. Germany: Springer Science & Business Media, 2008.

42   Minsky, Marvin, and Seymour A. Papert. Perceptrons, Reissue of the 1988 Expanded Edition with a New Foreword by L on Bottou. United States: MIT Press, 2017.

43   Feigenbaum, Edward A., and Pamela McCorduck. The Fifth Generation: Artificial Intelligence and Japan's Computer Challenge to the World. United Kingdom: Addison-Wesley, 1983.

44   Buchanan, Bruce G., and Edward Hance Shortliffe. Rule-Based Expert Systems:The MYCIN Experiments of the Stanford Heuristic Programming Project. United Kingdom: Addison Wesley Publishing Company, 1984.

45   Clocksin, William F., and Christopher S. Mellish. Programming in Prolog:

Using the ISO Standard. Germany: Springer Science & Business Media, 2012.

46 Rumelhart, David E., and James L. McClelland. Parallel Distributed Processing, Volume 1: Explorations in the Microstructure of Cognition: Foundations. United Kingdom: MIT Press, 1988.

47 Rumelhart, David E., Geoffrey E. Hinton, and Ronald J. Williams. "Learning Representations by Back-Propagating Errors." Nature 323, no. 6088 (October 1986): 533 – 36. https://doi.org/10.1038/323533a0.

48 Feigenbaum, Edward A., and Pamela McCorduck. The Fifth Generation: Artificial Intelligence and Japan's Computer Challenge to the World. United Kingdom: Addison-Wesley, 1983.

49 Hastie, Trevor, Robert Tibshirani, and Jerome Friedman. The Elements of Statistical Learning. United States: Springer Science & Business Media, 2013.

50 Hastie, Trevor, Robert Tibshirani, and Jerome Friedman. The Elements of Statistical Learning. United States: Springer Science & Business Media, 2013.

51 Koller, Daphne, and Nir Friedman. Probabilistic Graphical Models: Principles and Techniques. United Kingdom: MIT Press, 2009.

52 Gandomi, Amir, and Murtaza Haider. "Beyond the Hype: Big Data Concepts, Methods, and Analytics." International Journal of Information Management 35, no. 2 (April 2015): 137 – 44. https://doi.org/10.1016/j.ijinfomgt.2014.10.007.

53 Yann, LeCun, Yoshua Bengio, and Geoffrey Hinton. "Deep Learning." Nature 521 (May 2015): 436 – 44. https://doi.org/https://doi. org/10.1038/nature14539.

54 Yann, LeCun, Yoshua Bengio, and Geoffrey Hinton. "Deep Learning." Nature 521 (May 2015): 436 – 44. https://doi.org/https://doi. org/10.1038/nature14539.

55 Graves, Alex, Mohamed, Abdel-rahman, and Hinton, Geoffrey. (2013). Speech Recognition with Deep Recurrent Neural Networks. ICASSP, IEEE

International Conference on Acoustics, Speech and Signal Processing – Proceedings. 38. 10.1109/ICASSP.2013.6638947.

56 Silver, David, Aja Huang, Chris J. Maddison, Arthur Guez, Laurent Sifre, George van den Driessche, Julian Schrittwieser, et al. "Mastering the Game of Go with Deep Neural Networks and Tree Search." Nature 529, no. 7587 (January 2016): 484–89. https://doi.org/10.1038/nature16961.

57 Alex Krizhevsky, Ilya Sutskever, and Geoffrey E. Hinton. ImageNet classification with deep convolutional neural networks. Commun. ACM 60, 6 (June 2017), 84–90. https://doi.org/10.1145/3065386.

58 Linden, Greg, Brent Smith, and J. York. "Amazon.Com Recommendations: Item-to-Item Collaborative Filtering." IEEE Internet Computing 7, no. 1 (January 2003): 76–80. https://doi.org/10.1109/MIC.2003.1167344.

59 Arinez, Jorge F., Qing Chang, Robert X. Gao, Chengying Xu, and Jianjing Zhang. "Artificial Intelligence in Advanced Manufacturing: Current Status and Future Outlook." Journal of Manufacturing Science and Engineering 142, no. 11 (August 2020). https://doi.org/10.1115/1.4047855.

60 Esteva, Andre, Brett Kuprel, Roberto A. Novoa, Justin Ko, Susan M. Swetter, Helen M. Blau, and Sebastian Thrun. "Dermatologist-Level Classification of Skin Cancer with Deep Neural Networks." Nature 542, no. 7639 (January 25, 2017): 115–18. https://doi.org/10.1038/nature21056.

61 AI, automation, and the future of work: Ten things to solve for, Mckinsey&company online article, (https://shorturl.at/fzRW1), checked on 2023.

62 Haleem, Abid, Mohd Javaid, Mohd Asim Qadri, Ravi Pratap Singh, and Rajiv Suman. "Artificial Intelligence (AI) Applications for Marketing: A Literature Based Study." International Journal of Intelligent Networks 3 (2022): 119–32. https://doi.org/10.1016/j.ijin.2022.08.005.

63 Banerjee, Satya, Sanjay Mohapatra, and M. Bharati. AI in Fashion Industry. United Kiingdom: Emerald Group Publishing, 2022.

64 Harari, Yuval Noah. Homo Deus: A Brief History of Tomorrow. United Kingdom: Random House, 2016.

65 Harari, Yuval Noah. 21 Lessons for the 21st Century. United States: Random House Publishing Group, 2018.

66 Harari, Yuval Noah. 21 Lessons for the 21st Century. United States: Random House Publishing Group, 2018.

67 Schmidt, Eric, and Jared Cohen. The New Digital Age: Reshaping the Future of People, Nations and Business. United Kingdom: John Murray Publishers, 2013.

68 Mayer-Schönberger, Viktor, and Kenneth Cukier. Big Data: A Revolution That Will Transform How We Live, Work, and Think. United Kingdom: Houghton Mifflin Harcourt, 2013.

69 Webster, Jack. "The Promise of Personalisation: Exploring How Music Streaming Platforms Are Shaping the Performance of Class Identities and Distinction." New Media & Society 25, no. 8 (July 7, 2021): 2140-62. https:// doi.org/10.1177/14614448211027863.

70 Kissinger, Henry A., Eric Schmidt, and Daniel Huttenlocher. The Age of AI: And Our Human Future. United Kingdom: Little, Brown, 2021.

71 Schwartz, Barry. The Paradox of Choice: Why More Is Less. United Kingdom: HarperCollins, 2005.

72 Sunstein, Cass R. Simpler: The Future of Government. United Kingdom: Simon & Schuster, 2013.

73 Moore, Geoffrey A. Dealing with Darwin: How Great Companies Innovate at Every Phase of Their Evolution. United Kingdom: Penguin Publishing Group, 2005.

74 Zuboff, Shoshana. The Age of Surveillance Capitalism: The Fight for a Human Future at the New Frontier of Power: Barack Obama's Books of 2019. United Kingdom: Profile, 2019.

75 Carr, Nicholas. The Glass Cage: Where Automation is Taking Us. United

Kingdom: Random House, 2015.

76   Carr, Nicholas. The Shallows: What the Internet Is Doing to Our Brains. United States: W. W. Norton, 2020.

77   Sax, David. The Revenge of Analog: Real Things and Why They Matter. United States: PublicAffairs, 2016.

78   Frischmann, Brett, and Evan Selinger. Re-Engineering Humanity. United Kingdom: Cambridge University Press, 2018.

79   Brynjolfsson, Erik, and Andrew McAfee. The Second Machine Age: Work, Progress, and Prosperity in a Time of Brilliant Technologies. United Kingdom: W. W. Norton & Company, 2014.

80   Boyd, Danah. It's Complicated: The Social Lives of Networked Teens. United States: Yale University Press, 2014.

81   Hands, Joss. Gadget Consciousness: Collective Thought, Will and Action in the Age of Social Media. United Kingdom: PlutoPress, 2019.

82   Botsman, Rachel, and Roo Rogers. What's Mine Is Yours: The Rise of Collaborative Consumption. United Kingdom: HarperCollins, 2010.

83   Rifkin, Jeremy. The Zero Marginal Cost Society: The Internet of Things, the Collaborative Commons, and the Eclipse of Capitalism. United States: St. Martin's Publishing Group, 2014.

84   Chase, Robin. Peers Inc. United Kingdom: Headline, 2015.

85   Brynjolfsson, Erik, and Andrew McAfee. The Second Machine Age: Work, Progress, and Prosperity in a Time of Brilliant Technologies. United Kingdom: W. W. Norton & Company, 2014.

86   Kotler, Steven, and Peter H. Diamandis. Abundance: The Future Is Better Than You Think. United Kingdom: Free Press, 2014.

87   Rifkin, Jeremy. The Zero Marginal Cost Society: The Internet of Things, the Collaborative Commons, and the Eclipse of Capitalism. United States: St. Martin's Publishing Group, 2014.

88   Johansson, Frans. The Medici Effect: What Elephants and Epidemics Can

Teach Us about Innovation. United States: Harvard Business Review Press, 2017.

89 Isaacson, Walter. The Innovators: How a Group of Hackers, Geniuses, and Geeks Created the Digital Revolution. United Kingdom: Simon & Schuster, 2014.

90 Norman, Don. The Design of Everyday Things: Revised and Expanded Edition. United States: Basic Books, 2013.

Images

1   미드저니: https://www.midjourney.com/, checked on 2023.

2   브랜드 화인: https://texashistory.unt.edu/, checked on 2023.

3   〈모던 타임즈〉: 〈Modern Times〉, 1936, checked on 2023.

4   프라이탁: https://www.freitag.ch/en/services/customization, checked on 2023.

5   포드 자동차: Ford Motors, checked on 2023.

6   LG: https://live.lge.co.kr/goldstar/, checked on 2023.

7   타란티노 영화: https://www.imdb.com/title/tt7131622/, checked on 2023, 라나 델 레이: https://www.lanadelrey.com/, checked on 2023.

8   〈건축학개론〉의 'GUESS' 짝퉁: https://m.khan.co.kr/culture/movie/article/201203282138035, checked on 2023.

9   애플 아이폰: https://www.apple.com, checked on 2023.

10 소셜미디어 서비스: https://www.digitaltoday.co.kr/news/articleView.html?idxno=475304, checked on 2023.

11 카일리 제너: https://www.instagram.com/kyliejenner/, checked on 2023.

12 임팩트 인베스팅: https://inyova.ch/en/impact/, checked on 2023.

13 레고: www.lego.com, checked on 2023.

14 BTS & ARMY: checked on 2023.

15 Find Your Greatness: https://url.kr/u6f591, checked on 2023.

16 필터 버블: Tomwsulcer, checked on 2023.

17 구찌와 제페토: KoreaFasionNews, checked on 2023.

18 공유 자전거: www.joongang.co.kr, checked on 2023.

19 에릭 슈미트와 유발 하라리: www.dt.co.kr, www.newsis.com, checked on 2023.

20 넷플릭스: https://netflixtechblog.com/, checked on 2023.

21 엑스 마키나: https://www.sciencetimes.co.kr, checked on 2023.

22 제프리 힌튼: www.aitimes.com, checked on 2023.

23 게리 카스파로프: www.forbes.com, checked on 2023.

24 AI 탑재 스마트 기기: http://news.mk.co.kr, checked on 2023.

25 구글 애드: https://cloud.google.com/products/ai?hl=ko, checked on 2023.

26 페이스북 일인칭 동영상: Face book, Instagram Blog, checked on 2023.

27 카카오 챗봇: https://business.kakao.com, checked on 2023.

28 네이버 클로바: https://www.ncloud.com/product/aiService/clovaStudio, checked on 2023.

29 알스퀘어: https://jmagazine.joins.com/forbes/view/331459, checked on 2023.

30 쿠팡: https://news.coupang.com/archives/19485/, checked on 2023.

31 디스코드: https://support.discord.com, checked on 2023.

32 마이리얼트립의 AI 여행플래너: https://yozm.wishket.com/magazine/detail/1949/, checked on 2023.

33 파인더스 AI와 치즈에이드의 무인 매장: https://fainders.ai/, http://cheeseade.com/project, checked on 2023.

34 직방 Red: https://red.zigbang.com/, checked on 2023.

35 발렌시아가 해리포터: https://harpersbazaar.co.kr/article/76737, checked on 2023.

36 발렌시아가 정치인: https://harpersbazaar.co.kr, checked on 2023.

37 Gen 1: https://research.runwayml.com/gen1, checked on 2023.

38 트리스탄 해리스의 TED: : https://www.ted.com, checked on 2023.

39 레트로 열풍: https://youtu.be/6-v1b9waHWY, checked on 2023.

40 〈블랙 미러〉: https://www.netflix.com, checked on 2023.

41 Gen-1, Brandcrowd: https://research.runwayml.com/gen1, https://www.brandcrowd.com/, checked on 2023.

42 가상 인물 에밀리 월터스의 이미지, 그녀가 사용하는 가상 음악 앱 'Tune Mind': Seohoo Lee, 2023.

43 가상 인물 벤자민 리우의 이미지, 그가 사용하는 학습 앱 'Auto Learn': Seohoo Lee, 2023.

44 가상 인물 보니 윌킨슨의 이미지, 그녀가 취직한 노인용 배달 및 커뮤니티 앱, Silver Line: Seohoo Lee, 2023.

45 가상 인물 이젤라 버킷의 이미지, 그가 창업한 공유 경제 앱 'Flooria': Seohoo Lee, 2023.

46 Sougwen Chung의 이미지: https://sougwen.com/project/assembly-lines-2022, checked on 2023.

47 Refik Anadol의 작품, Nature Dreams: https://refikanadol.com/works/infinity-room-nature-dreams/, checked on 2023.

48 Iris Van Harpen의 콜렉션, 'Earthrise': https://www.irisvanherpen.com/collections/earthrise, checked on 2023.

49 Ross Lovegrove의 요트: https://www.rosslovegrove.com/, checked on 2023.

50 Gentle Monster의 2018 콜렉션: https://www.gentlemonster.com/kr/, checked on 2023.

51 Glossier의 제품 이미지: https://www.glossier.com/, checked on 2023.

52 Beyond Burger의 제품 이미지: https://www.beyondmeat.com/en-US/products/, checked on 2023.

53 AI Creative Director: https://youtu.be/udHQZhvPcXg, checked on 2023.

초판 1쇄 발행   2023. 9. 1.

지은이   이서후
펴낸이   김병호
펴낸곳   주식회사 가넷북스

편집진행   박하연
디자인   양헌경

등록   2019년 4월 3일 제2019-000040호
주소   서울시 성동구 연무장5길 9-16, 301호 (성수동2가, 블루스톤타워)
대표전화   070-7857-9719 | **경영지원**   02-3409-9719 | **팩스**   070-7610-9820

•가넷북스는 여러분의 다양한 아이디어와 원고 투고를 설레는 마음으로 기다리고 있습니다.

이메일   garnetoffice@naver.com | **원고투고**   garnetoffice@naver.com
공식 블로그   blog.naver.com/garnetbooks
공식 포스트   post.naver.com/garnetbooks | **인스타그램**   @_garnetbooks